Roh,
Jiwa,
dan Jasad (II)

Kisah Dunia Rohani Terserlah di Angkasa!

Roh,
Jiwa,
dan Jasad (II)

Dr. Jaerock Lee

URIM BOOKS

Prakata

Daripada mula saya menerima Yesus Kristus dan mula membaca Alkitab, saya mula berdoa untuk memahami hati Tuhan dengan mendalam. Tuhan memberikan jawapan selepas tujuh tahun berdoa tak terkira dan berpuasa. Selepas saya membuka gereja, Tuhan menjelaskan kepada saya banyak petikan-petikan yang susah difahami dalam Alkitab melalui inspirasi Roh Kudus, yang salah satu adalah kandungan terperinci berkaitan dengan 'Roh, Jiwa, dan Jasad'. Inilah kisah misteri yang membolehkan kita memahami asal usul manusia dan membolehkan kita memahami diri kita sendiri. Ini adalah kisah yang saya tidak pernah mendengar di mana-mana tempat yang lain, dan ianya memberikan saya kebahagiaan yang saya tidak mampu terangkan.

Apabila saya menyampaikan khutbah ini berkaitan roh, jiwa dan jasad, terdapat banyak pengakuan dan maklum balas baik dari dalam dan luar Korea. Ramai berkata mereka menemui diri mereka, memahami mereka itu makhluk jenis bagaimana, dan menerima banyak jawapan kepada petikan-petikan yang rumit di dalam Alkitab selain memahami cara-cara bagaimana untuk mencapai kehidupan yang sebenar. Segelintir orang menyatakan bahawa mereka kini mempunyai matlamat untuk menjadi orang rohaniah dan mengambil bahagian di dalam sifat-sifat ketuhanan Tuhan dan mereka berusaha untuk mencapainya seperti yang dicatatkan dalam 2 Petrus 1:04, yang berbunyi, "Dengan jalan itu Ia telah menganugerahkan kepada kita janji-janji yang berharga dan yang sangat besar, supaya olehnya kamu boleh mengambil bagian dalam kodrat ilahi, dan luput dari hawa nafsu duniawi yang membinasakan dunia."

The Art of War yang dikarang oleh Sun Tzu berkata bahawa jika anda mengenali diri anda dan musuh anda, makan anda tidak akan kalah mana-mana peperangan. Pesanan-pesanan tentang "Roh, Jiwa, dan Jasad" memberikan kesedaran tentang bahagian 'diri' kita yang paling mendalam dan mengajarkan kita tentang asal usul manusia. Apabila kita telah mempelajari dan memahami pesanan ini dengan mendalam, kita juga akan mampu memahami mana-mana jenis manusia. Kita juga akan mempelajari cara-cara mengalahkan kuasa-kuasa kejahatan, yang telah lama memberikan kesan kepada kita, dan dengan itu menjalani kehidupan Kristian yang berjaya.

Jilid 2 Roh, Jiwa, dan Jasad secara khususnya akan menerangkan tentang asal usul Tuhan maha Pencipta, ruangan rohani yang amat besar, dan ruangan cahaya di mana roh kita tinggal. Terdapat beberapa gambar penuh berwarna untuk membantu anda lebih memahami bentuk Tuhan dan ruangan. Apabila kita memahami rahsia-rahsia ruangan dan menjadi manusia rohani sepenuhnya, kita boleh melangkaui batas-batas manusia untuk menggunakan ruangan Tuhan, dan kita juga boleh melihat bentuk Tuhan. Kerana itulah Yesus berfirman di dalam Yohanes 14:12, "Aku berkata kepadamu: Sesungguhnya barangsiapa percaya kepada-Ku, ia akan melakukan juga pekerjaan-pekerjaan yang Aku lakukan, bahkan pekerjaan-pekerjaan yang lebih besar dari pada itu. Sebab Aku pergi kepada Bapa."

Saya ingin mengucapkan ribuan terima kasih kepada pengarah Geumsun Vin dan semua kakitangan biro editorial. Saya berharap bahawa melalui buku ini, para pembaca akan memiliki kelayakan-kelayakan untuk memasuki ruangan cahaya dan ruangan-ruangan Tuhan yang menakjubkan.

Mac 2010,
Jaerock Lee

Permulaan Perjalanan Kedua Roh, Jiwa, dan Jasad

"Semoga Tuhan damai sejahtera menguduskan kamu seluruhnya dan semoga roh, jiwa dan tubuhmu terpelihara sempurna dengan tak bercacat pada kedatangan Yesus Kristus, Tuhan kita" (1 Tesalonika 5:23).

Hari ini, ruang siber terbuka kepada sesiapa sahaja yang memiliki Internet, tetapi manusia menggunakannya untuk pelbagai tujuan berdasarkan kepada sejauh mana pengetahuan serta kemahiran berkaitan komputer dan Internet yang mereka memiliki. Begitu juga, setakat mana yang kita memahami ruang Tuhan, kita boleh memahami keajaiban yang menakjubkan di dalam Alkitab dan pengalaman kerja-kerja Tuhan di dalam kehidupan seharian kita.

Alkitab menceritakan pelbagai perkara kepada kita yang membolehkan kita memahami ruangan-ruangan Tuhan. Apabila Stefanus mati syahid dengan direjam batu, pintu syurga terbuka dan dan dia melihat Anak Manusia berdiri di sisi kanan Tuhan. (Kisah Para Rasul 7:56). Ini boleh berlaku kerana Tuhan membuka ruangan demnsi syurga keempat. Petrus dipenjarakan sewaktu menyebarkan gospel, tetapi dibebaskan dengan bantuan para malaikat. Hawari Paulus mengalami perkara yang serupa apabila dia dipenjarakan di Filipi. Tuhan membuka ruangan syurga ketiga bagi menghantar malaikat yang berkuasa yang membuka rantai dan membuka pintu pagar.

Apabila kita telah mencapai hati keseluruhan roh, kita mampu menggunakan ruangan Tuhan di atas bumi ini dan tidak ada perkara yang mustahil. Tambahan pula, kita akan menikmati kehidupan abadi dan rahmat di Baitulmuqaddis Baru pada masa hadapan. Sebaliknya, bagi orang yang belum lagi mencapai keseluruhan roh, dia perlu memenuhi ukuran keadilan sebelum boleh menggunakan ruangan Tuhan. Buku ini dipenuhi dengan cerita-cerita yang tersebar luas dalam ruangan rohani yang tidak berhad.

Buku ini membantu para pembaca mencapai seperti yang berikut

1. Ia membolehkan mereka memahami cinta Tuhan yang membahagikan ruangan, dimensi serta kegelapan dan keterangan dengan kehematan penggemburan manusia Dia bagi memperolehi anak-anak yang sebenar. Apabila kita menerima Yesus Kristus dan bertindak dalam keimanan, kita dapat menikmati hak sebagai anak-anak cahaya dan memasuki ruangan indah cahaya.

2. Syurga berada di dalam ruangan cahaya. Ia dibahagikan kepada pelbagai tempat tinggal dari Firdaus sehingga ke Baitulmuqaddis Baru. Kita akan tinggal di Syurga dalam jasad syurgawi. Kita akan menikmati kehidupan abadi di Syurga yang dipenuhi dengan kebahagiaan dan keseronokan, dan ini adalah hadiah Tuhan kepada kita.

3. Hanya dengan kuasa Tuhan sahaja kita boleh dijadikan anak-anak Tuhan yang mempunyai imej Tuhan. Melalui kuasa Tuhan, kita boleh memasuki ruangan cahaya indah dan juga mengalami pelbagai kerja-kerja berkuasa menakjubkan melangkaui batas-batas manusia di atas bumi ini.

Isi Kandungan

Roh, Jiwa, dan Jasad (I)

Bahagian 1 Pembentukan Daging

Bahagian 2 Pembentukan Jiwa
(Operasi Jiwa di dalam Ruangan Fizikal)

Bahagian 3 Memulihkan Roh

Ruangan Besar Alam Roh

Apakah yang Berlaku di Syurga Sebelum Penciptaan?

Bagaimana Ruangan Cahaya dan Ruangan Kegelapan Terbentuk?

"Dan inilah berita, yang telah kami dengar dari Dia, dan yang kami sampaikan kepada kamu: Tuhan adalah terang dan di dalam Dia sama sekali tidak ada kegelapan."
1 Yohanes 1:5

"bagi Dia yang berkendaraan melintasi langit purbakala. Perhatikanlah, Ia memperdengarkan suara-Nya, suara-Nya yang dahsyat!"
Mazmur 68:33

Bab 1

Kegelapan dan Cahaya

Terdapat cahaya dan kegelapan yang bukan sahaja kelihatan di dunia nyata ini, tetapi terdapat ruangan-ruangan cahaya dan kegelapan di alam rohani juga. Apakah sebab Tuhan membenarkan ruangan kegelapan untuk wujud dan siapakah ketua kegelapan?

Ruangan Rohaniah yang Luas dan Tuhan Asal

Tuhan Merancangkan Penggemburan Manusia

Tuhan Asal Menjadi Trinitas

Tuhan Menciptakan Para Malaikat dan Cherubim

Pemberontakan Lucifer yang Gagal

Kehematan Tuhan dalam Mengasingkan Keterangan dan Kegelapan

Sewaktu anda seorang kanak-kanak pernahkah anda tertidur sambil mengira bilangan bintang-bintang di langit? Saya percaya ramai di antara kamu pernah mengalaminya. Terlalu banyak bintang yang dapat dilihat dengan mata kasar kita, tetapi banyak lagi bintang-bintang yang tidak kelihatan. Berapa besar alam semesta ini?

Bahkan dengan kemajuan sains, manusia masih belum dapat mengira dengan tepat saiz alam semesta ini. Ini kerana ia adalah ruang tanpa sempadan yang luas. Planet-planet seperti Bumi berkumpul untuk membentuk satu sistem suria, dan banyak sistem suria dan cakerawala lain berkumpul bersama-sama untuk membentuk galaksi. Berbilang galaksi berkumpul untuk membentuk sekumpulan galaksi dan kumpulan-kumpulan galaksi daripada mikrokosmos dan mikrokosmosis membentuk alam semesta yang luas.

Sais sistem suria di dalam galaksi kita bagaikan hanya setitik. Dan keseluruhan galaksi bagaikan setitik jika dibandingkan dengan keseluruhan alam semesta. Alam semesta fizikal sendirinya tidak boleh diukur walau dengan peralatan saintifik yang paling canggih. Namun, berbanding dengan ruangan rohani, ianya merupakan hanya sebahagian kecil.

Sebagai tambahan kepada alam semesta fizikal yang kita dapat lihat ini, terdapat ruangan rohani yang tidak bersempadan di dalam dimensi lain. Alkitab menyebut tentang berbilang-bilang ‚langit'.

Ulangan 10:14 berbunyi, "Sesungguhnya, TUHAN, Tuhan kamulah yang empunya langit, bahkan langit yang mengatasi segala langit, dan bumi dengan segala isinya," dan Nehemia 9:6 berbunyi, "Hanya Engkau adalah TUHAN. Engkau telah menjadikan langit, ya langit segala langit dengan segala bala tenteranya, dan bumi dengan segala yang ada di atasnya, dan laut dengan segala yang ada di dalamnya. Engkau memberi hidup kepada semuanya itu dan bala tentera langit sujud menyembah kepada-Mu."

Bagaimanakah berbilang langit boleh wujud, dan apakah yang berlaku di langit-langit itu sebelum penciptaan dunia? Marilah kita berpatah balik kepada zaman sebelum penciptaan dunia ini. Ia adalah zaman sebelum wujudnya galaksi kita ini. Alam semesta pada masa itu tidak sama dengan alam semesta kita sekarang ini. Ianya merupakan ruang yang sangat luas di mana ruangan rohani dan ruangan fizikal tidak berasingan.

Ruangan Rohaniah yang Luas dan Tuhan Asal

Ruangan rohani yang luas merujuk kepada keseluruhan alam semesta asal. Ia adalah ruang yang didiami oleh Tuhan asal berkurun lamanya. Di sini, ‚Tuhan asal' merujuk kepada Tuhan, yang wujud sebagai cahaya dan suara sebelum penciptaan. Alam semesta asal merujuk kepada alam semesta di mana Tuhan asal wujud bersendiri.

Apakah rupa asal Tuhan? Bayangkan cahaya-cahaya indah memenuhi alam semesta yang luas tanpa sempadan, dan cahaya-cahaya itu berkembang dan beralun seperti ombak. Sebagaimana 1 Yohanes 1:5 berfirman, "Tuhan itu Terang," Tuhan wujud di seluruh alam semesta asal dalam bentuk cahaya-cahaya yang indah dan terang.

'Aurora' membantu kita memahami bentuk asal Tuhan. Aurora dilihat di langit kawasan Rantau Kutub. Biasanya terdiri daripada cahaya-cahaya berwarna merah, biru, kuning, hijau muda, atau jambu yang indah. Sering dikatakan bahawa cahaya aurora sangat indah sehingga sesiapa sahaja yang pernah melihatnya tidak boleh melupakan keindahannya.

Roman 1:20 menyatakan, "Sebab apa yang tidak nampak dari padaNya, iaitu kekuatanNya yang kekal dan keilahianNya, dapat nampak kepada fikiran dari karyaNya sejak dunia diciptakan, sehingga mereka tidak dapat berdalih." Tuhan menciptakan jenis cahaya seperti aurora supaya kita dapat memahami rupa asal Tuhan apabila kita tertanya-tanya tentang Tuhan asal.

Tuhan asal memiliki suara yang jelas tetapi agung di dalam cahaya-cahaya yang beralun seperti ombak. Pernahkah anda mendengar seperti bisikan suara yang mengiringi angin yang lembut? Dalam angin yang datang dari laut, anda boleh mendengar bunyi lembut ombak. Serupa dengan cara bunyi dibawa oleh angin, suara pun berbunyi dari cahaya asal itu sendiri. Sebagaimana bunyi dibawa oleh angin, suara asal menyebar bersama-sama dengan cahaya-cahaya asal ke seluruh alam semesta sambil memenuhinya pada masa itu.

Namun, jika anda mendengar suara Tuhan walaupun sekali, tidak mungkin anda dapat melupakan suara tersebut. Saya pernah beberapa kali mendengarnya, dan ianya sangat anggun, suci, dan bersih. Maksudnya, ianya sangat agung dan suci. Suara Tuhan sebenarnya sangat jelas dan suci, manis, malah begitu anggun sehingga kedengaran di seluruh alam semesta.

Yohanes 1:1 berfirman, "Pada mulanya adalah Firman; Firman itu bersama-sama dengan Tuhan dan Firman itu adalah Tuhan." Firman itu yang wujud pada mulanya itu adalah suara asal yang berbunyi dari dalam cahaya asal. Ayat di atas menyatakan Tuhan sebagai ‚Firman' yang merupakan intipati, dan bukannya bentuk

Tuhan, yang merupakan cahaya. 'Firman' ialah isi kandungan, dan 'Tuhan' ialah nama yang diberikan kepada isi kandungan tersebut. Jadi, intipati Tuhan ialah 'Firman', dan kewujudan Dia adalah dalam bentuk cahaya dan suara yang memenuhi keseluruhan alam semesta.

Tuhan Merancangkan Penggemburan Manusia

Pada satu ketika dalam garis waktu yang tidak terhad, Tuhan yang wujud dengan sendiri merancangkan ‚penggemburan manusia‘:

'Bagaimana jika terdapat seorang yang boleh tahu mengenai alam semesta yang luas ini dan hati saya, dan berkongsi kasih sayang dengan Aku? Bagaimana jika dia boleh memahami dan menerima hati dan perasaanKu yang Aku berkongsi dengan dia dan dia boleh memberi hatinya kepadaKu sebagai balasan? Alangkah gembira dan menyeronokkan jika begitu!

Tuhan ingin memiliki makhluk lain yang Dia boleh berkomunikasi dan berkongsi segala-galanya di dalam alam semesta. Khususnya, Tuhan ingin mempunyai makhluk yang Dia boleh berkongsi kasih sayang Dia. Tuhan merancangkan ‚penggemburan manusia‘ dengan keinginan untuk memulakan usaha baru bagi memperolehi anak-anak Dia yang sebenar.

Apakah anda fikir Tuhan mula-mula melakukan dalam rancanganNya untuk penggemburan manusia? Tuhan dahulunya wujud sebagai cahaya yang tersebar di seluruh alam semesta, tetapi Dia bertaut pada pucuk alam rohani dan meiliki bentuk cahaya. Apabila Dia bersatu menjadi satu cahaya, dimensi berlainan ‚langit; terhasil. Di sini, ‚langit‘ adalah sinonim dengan ruangan di dalam

alam semesta. Pada mulanya, hanya wujud satu alam semesta asal, tetapi apabila Tuhan asal bertaut dan bersatu menjadi satu cahaya, ruangan berbeza di dalam alam semesta terhasil. Ini adalah kerana apabila cahaya-cahaya yang tersebar di seluruh alam semesta bergabung dan tertumpu pada puncak alam rohani, ruangan berbeza terhasil berdasarkan kepada keterangan cahaya itu.

Pada masa lalu, keterangan cahaya itu adalah sama di seluruh alam semesta, tetapi kini, puncak alam roh menjadi yang paling terang. Sebagai contoh, jika anda meletakkan 10,000 cahaya dengan sekata di dalam sebuah dewan, keterangan di dalam dewan itu juga sekata. Apakah akan berlaku jika anda meletakkan 1 cahaya, yang keterangannya sama dengan sama dengan 10,000 cahaya di tengah-tengah dewan itu? Lebih dekat kepada kawasan pusat, lebih terang cahaya itu, dan sebaliknya apabila semakin jauh daripada kawasan pusat. Begitu juga, apabila cahaya asal menjadi satu cahaya yang termampat, ruangan berbeza terhasil berdasarkan kepada perbezaan keterangan di dalam ruangan angkasa.

Cahaya asal adalah cahaya rohaniah, dan apabila keterangannya berubah, ketumpatan sifat rohaninya juga berubah. Apabila cahaya asal bersatu menjadi satu cahaya tumpat, keterangan cahaya dan ketumpatan rohaninya juga berkurangan dengan meningkatnya jarak daripada punca cahaya. Jadi, alam semesta asal yang pernah wujud sebagai satu ruangan dikategorikan kepada empat alam semesta berlainan berdasarkan kepada keterangan cahaya serta ketumpatan rohani. Tuhan memanggilnya syurga pertama, kedua, ketiga dan keempat.

Tempat di mana Tuhan Asli bertaut sebagai satu cahaya adalah tempat yang sangat istimewa dan terletak di dalam syurga keempat. Oleh itu, cahaya adalah paling terang di syurga keempat dan ini adalah sama bagi ketumpatan rohani. Syurga ketiga mempunyai keterangan cahaya dan ketumpatan rohani yang kurang berbanding dengan syurga kempat , dan hal ni juga sama bagi syurga kedua.

Alam roh terdiri daripada syurga kedua hingga syurga keempat. Syurga pertama adalah alam semesta fizikal yang kita dapat melihat dengan mata kita. Ini adalah alam semesta di mana keseluruhan sifat rohani hampir-hampir diambil semula apabila Tuhan bertaut sebagai satu cahaya, dan oleh itu dipenuhi dengan sifat-sifat daging dan bukannya rohani.

Di dalam ruangan fizikal, jika anda membahagi ruangan tertentu kepada empat bahagian, setiap ruangan lebih kecil daripada ruangan asal. Tetapi hal ini tidak sama bagi ruangan rohani. Ini disebabkan tiada batasan-batasan dalam ruangan rohani. Apabila alam semesta yang luas dan tidak terbatas terbahagi kepada empat, ianya juga menjadi empat alam semesta yang luas dan tidak terbatas. Oleh itu, walaupun alam semesta asal dibahagikan kepada empat syurga, setiap satu daripadanya tidak terbatas. Bukan sahaja Syurga Kedua, Ketiga, dan Keempat, tetapi Syurga Pertama yang merupakan dunia bersifat daging juga tidak mempunyai batasan.

Tuhan membenarkan syurga-syurga berbeza itu berdasarkan kepada kegunaannya. Mula-mula, Tuhan mengasingkan Syurga Pertama dan ditetapkan sebagai pentas bagi penggemburan manusia. Syurga Kedua disediakan sebagai ruangan bagi roh-roh jahat yang juga perlu bagi penggemburan manusia. Tetapi ianya juga untuk Adam yang diciptakan sebagai roh hidup. Syurga Ketiga telah dipisahkan untuk membina kerajaan syurgawi di mana gandum yang baik yang akan diperolehi melalui penggemburan manusia akan masuk. Akhirnya, Syurga Keempat adalah ruang untuk Tuhan Trinitas. Ianya adalah dimensi yang sama dengan alam semesta yang dahulunya merupakan ruangan asal.

Apabila alam semesta asal mula-mula diasingkan kepada empat syurga, syurga-syurga tidak mempunyai sebarang kandungan. Tetapi ini tidak bermaksud kesemuanya benar-benar kosong. Terdapat bintang-bintang yang tidak terbilang di dalam alam semesta asal. Di dalam Syurga Pertama, Bumi kita, sistem suria, dan galaksi kita belum lagi diciptakan. Di dalam Syurga Ketiga, kerajaan syurgawi belum lagi diciptakan. Ia hanya merupakan tempat yang sesuai untuk mendirikan kerajaan syurgawi. Selepas pengasingan ruang, Tuhan mula mengisi ruang-ruang itu dengan kerja-kerja ciptaan Dia

Tuhan Asal Menjadi Trinitas

Selepas bertaut sebagai satu cahaya, Tuhan mula-mula mengasingkan Dirinya kepada tiga cahaya. Di sini, apabila menyebut bahawa ‚satu cahaya membahagi kepada tiga cahaya‘, tidak seperti seketul yang dibahagikan kepada tiga bahagian. Ianya lebih menyerupai dua atau lebih cahaya yang serupa yang dipancarkan dari dalam cahaya asal. Walaupun cahaya asal membahagi kepada tiga, tiga cahaya ini tidak terasing atau berbeza, tetapi sama dengan cahaya asal.

Cahaya asal dahulunya wujud sebagai satu, dan dua cahaya yang selebihnya baru dihasilkan. Selepas menjadi tiga cahaya, cahaya-cahaya itu membentuk jasad rohaniah seperti seorang manusia. Mereka mula wujud sebagai Tuhan Bapa, Tuhan Anak, dan Tuhan Roh Kudus. Selepas Tuhan Asal terbahagi kepada Tuhan Trinitas, setiap satu Trinitas memiliki jasad rohaniah sendiri, yang sedikit saling berbeza sesama mereka. Tetapi roh di dalam jasad-jasad rohani itu datang daripada Tuhan asal, jadi kita boleh membuat kesimpulan bahawa semua Tiga dalam Satu mempunyai hati, pemikiran, kuasa, dan kebijaksanaan yang sama.

Sebab itulah kita merujuk kepada Tuhan Bapa, Tuhan Anak, dan Tuhan Roh Kudus sebagai Trinitas. Tuhan Trinitas mula-mula menciptakan benda-benda yang diperlukan untuk ruangan di mana Tuhan tinggal. Sewaktu Tuhan wujud bersendirian sebagai cahaya dan suara di dalamnya, Dia tidak memerlukan tempat tinggal. Tetapi kerana Dia kini mempunyai bentuk, Dia memerlukan tempat tinggal.

Apabila Tuhan Triniti tinggal di Syurga Keempat, Dia mungkin mempunyai atau tidak mempunyai bentuk. Dia boleh berubah bentuk mengikuti kemahuanNya di dalam Syurga Keempat, dan oleh kerana Dia kadang-kala berbentuk, terdapat tempat tinggal di situ. Tuhan sentiasa berbentuk di dalam Syurga Ketiga yang juga menempatkan kerajaan syurgawi, dan sebab itu Dia juga menyediakan tempat tinggal di situ. Tuhan juga mula menciptakan makhluk-makhluk yang berkhidmat kepada Dia.

Tuhan Menciptakan Para Malaikat dan Cherubim

Terdapat dua jenis makhluk yang Tuhan ciptakan; iaitu para ,malaikat' dan ,kerubim'. Malaikat adalah hampir sama bentuk dengan seorang lelaki tetapi bezanya malaikat mempunyai sayap (Wahyu 14:6). Manusia diciptakan dalam imej Tuhan, dan perkara ini juga benar bagi para malaikat (Markus 16:5). Malaikat hanya mempunyai imej luaran Tuhan manakala manusia mempunyai imej luaran serta hati Tuhan.

Bagaimana dengan saiz para malaikat? Terdapat malaikat-malaikat yang serupa dengan manusia. Namun, ada juga malaikat yang bersaiz sangat kecil dan juga yang sangat besar. Mereka mempunyai bentuk dan sifat-sifat berdasarkan peranan mereka.

Sebagai contoh, jika ada malaikat yang ditugaskan sebagai panglima tentera, maka lebih sesuai jika bentuknya bersifat kelelakian. Untuk tarian dan nyanyian, malaikat yang bersifat kewanitaan lebih sesuai. Sudah tentu ini tidak bermakna tidak wujud malaikat dengan sifat kelelakian yang boleh menari. Sama seperti wujudnya penari lelaki di dunia ini dan mereka memainkan peranan masing-masing, terdapat juga malaikat seperti itu. Tetapi, kewujudan sifat kelelakian dan kewanitaan pada perwatakan para malaikat tidak bermaksud mereka mempunyai jantina. Ia hanya bermakna bahawa penampilan dan tingkah laku mereka dianggap seperti seorang lelaki atau perempuan.

Para malaikat berkhidmat kepada Tuhan dan menunaikan tugas-tugas mereka berdasarkan perintah Tuhan. Terdapat pelbagai jenis tugasan, dan bilangan malaikat tidak terbilang.

Dan semua malaikat berdiri mengelilingi takhta dan tua-tua dan keempat makhluk itu; mereka tersungkur di hadapan takhta itu dan menyembah Tuhan (Wahyu 7:11).

Dan aku melihat seorang malaikat lain yang kuat turun dari sorga, berselubungkan awan, dan pelangi ada di atas kepalanya dan mukanya sama seperti matahari, dan kakinya bagaikan tiang api (Wahyu 10:1).

Bukankah mereka semua adalah roh-roh yang melayani, yang diutus untuk melayani mereka yang harus memperoleh keselamatan? (Ibrani 1:14).

Di kalangan mereka, ada malaikat yang diberikan tugas-tugas unik di alam roh, ada malaikat lain yang berkhutbah kepada anak-anak Tuhan di bumi. Bilangan malaikat yang ditugaskan kepada setiap orang beriman berbeza dan bergantung kepada sejauh mana setiap orang itu suci dan menjadi manusia rohani atau keseluruhan roh. Hierarki di kalangan para malaikat telah ditetapkan dan diikuti rapi berdasarkan hierarki tuan mereka. selain itu, malaikat juga ditugaskan kepada setiap individu sama ada dia beriman ataupun tidak. Mereka adalah malaikat yang mencatatkan setiap perkataan dan tindakan setiap orang yang tinggal di bumi ini.

Walaupun malaikat menyerupai manusia, kerubim mempunyai

bentuk pelbagai jenis haiwan. Cherubim-kerubim yang ditugaskan mengiringi Tuhan mempunyai haiwan berbeza-beza seperti singa, helang, lembu atau kerbau. Mazmur 18:10 berbunyi, "Ia mengendarai kerubim, lalu terbang dan melayang di atas sayap angin."

Naga, yang ramai orang berpendapat bahawa adalah haiwan mitos, sebenarnya dahulu salah satu kerubim. Naga yang pertama sekali diciptakan oleh Tuhan sangat cantik dan indah, dan ianya seperti haiwan peliharaan bagi Tuhan. Ia mempunyai bulu lembut, tangan dan kaki, dan pelbagai warna yang indah yang cantik di luar imaginasi. Naga merupakan ketua kerubim dan memiliki banyak kuasa dan autoriti. Mereka mempunyai sejumlah besar utusan di bawah kawalan mereka.

Di kalangan kerubim adalah ,empat makhluk hidup'. Mereka kelihatan seperti jisim keluli yang kukuh yang berwarna yang gelap. Empat makhluk hidup mengakibatkan bencana dan hukuman atas perintah Tuhan. Mereka menunjukkan kuasa dan kemuliaan Tuhan. Mereka mempunyai satu kepada, empat muka iaitu muka seorang lelaki, singa, anak lembu, dan seekor helang. Mereka kelihatan seperti empat orang berdiri dengan belakang menghala ke dalam dan muka menghala ke luar. Di ruangan tengah ialah api yang naik dan. Seluruh badan mereka dipenuhi dengan mata dan mereka melihat segala-galanya.

Apabila Tuhan menciptakan malaikat dan kerubim, dia tidak memberikan mereka kehendak bebas sepertimana diberikan kepada manusia. Mereka hanya menuruti perintah Tuhan berdasarkan hierarki. Sehingga pada hari ini, Tuhan berkuasa ke atas seluruh alam semesta melalui para malaikat dan kerubim.

Alam Roh Tersusun dengan Baik dan Sistematik

Alkitab juga menyebut tentang bala tentera syurga serta

penghulu malaikat. Lukas 2:13 berfirman, "Dan tiba-tiba tampaklah bersama-sama dengan malaikat itu sejumlah besar bala tentera syurga yang memuji Tuhan, katanya." Bala tentera ialah tentera syurga

1 Tesalonika 4:16 juga berfirman, "Sebab pada waktu tanda diberi, iaitu pada waktu penghulu malaikat berseru dan sangkakala Tuhan berbunyi, maka Tuhan sendiri akan turun dari syurga dan mereka yang mati dalam Kristus akan lebih dahulu bangkit." Hakikat bahawa wujudnya penghulu malaikat memberitahu kita bahawa adanya hierarki di kalangan malaikat.

Penghulu malaikat meneliti setiap aspek dan berfungsi seperti tangan, kaki, mata, dan telinga Tuhan. Mereka juga menerima arahan dan menyampaikan laporan terus kepada Tuhan. Di bawah penghulu malaikat adalah menteri, terdapat sejumlah besar malaikat yang membantu mereka. Para penghulu malaikat ini tidak mengarah semua malaikat di bawah mereka; mereka mempunyai kumpulan-kumpulan malaikat yang dipimpin oleh seorang ketua. Dalam sistem ini, apabila perintah dikeluarkan, ia disampaikan dengan betul, dan semua laporan adalah sempurna dan bebas daripada sebarang kesilapan. Walaupun terdapat banyak langkah-langkah yang terlibat, proses ini dilaksanakan dalam sekelip mata.

Tuhan boleh berkuasa dan mencari setiap orang di atas muka bumi ini dari takhta Dia disebabkan peranan yang dimainkan oleh para malaikat. Sudah tentu, Tuhan maha kuasa dan Dia boleh mencari segala-galanya dengan sendiri. Namun, para malaikat melaporkan kepada Tuhan apa yang mereka melihat dan memeriksa secara langsung. Dengan cara ini, para malaikat bukan sahaja sebagai penyampai laporan tetapi mereka juga bersaksi kepada laporan tersebut. Ini menambahkan kepada cahaya keadilan pada penghakiman Tuhan, apabila Dia mengadili sesuatu.

Sebagai contoh, kita boleh bercakap tentang hukuman yang

dikenakan ke atas Sodom dan Gomora. Kejadian 19:1 berfirman, "Kedua malaikat itu tiba di Sodom pada waktu petang." Tuhan mengutus malaikat-Nya untuk mencari sekali lagi sebelum dia menghukum Sodom dan Gomora. Dan orang-orang di sana menunjukkan perbuatan-perbuatan itu. Iaitu, mereka cuba mencederakan malaikat itu juga. Akhirnya, Tuhan menghukum Sodom dan Gomora dengan api.

Antara penghulu malaikat yang paling terkenal adalah Jibril dan Mikail Jibril ialah utusan yang ditugaskan untuk menyampaikan wahyu khas atau firman Tuhan Beliau besar dan mulia, dan memakai jubah dengan lengan yang besar, yang boleh mengandungi wahyu Tuhan. Sama seperti seorang menteri yang menyampaikan titah seorang raja memiliki cop mohor, Jibril juga memakai jubah yang mempunyai corak yang seperti cop mohor.

Penghulu malaikat Mikail berperanan seperti ketua tentera, dan kemuliaan kelihatan di mata beliau. Beliau memakai baju perisai, dan tali pinggang yang boleh menampung pelbagai jenis senjata. Memiliki senjata di alam roh bermakna Tuhan telah memberikan beliau autoriti untuk bertempur dalam peperangan rohani. Pelbagai jenis senjata simbolik boleh dikeluarkan berdasarkan betapa sengit pertempuran itu.

Terdapat juga dua penghulu malaikat yang sangat besar. Mereka mempunyai imej wanita dan kuasa serta autoriti yang besar. Mereka tidak biasa tersenyum. Jika mereka muncul, kerja-kerja hebat Tuhan menyusuli mereka. Mereka juga sangat tinggi sehingga jika mereka berdiri di dalam bangunan dengan bumbung yang tinggi, anda hanya boleh melihat hujung jubah mereka. Kita tidak boleh mengukur berapa tinggi mereka, kerana konsep ukuran berbeza sama sekali di alam rohani berbanding dengan dunia fizikal.

Tiga Penghulu Malaikat yang Tergolong kepada Tuhan Secara Langsung

Sebagai tambahan kepada para malaikat, Tuhan menciptakan beberapa malaikat di bawah kawalan langsung dia yang akan berkhidmat secara langsung kepada Dia. Mereka ini adalah tiga penghulu malaikat termasuk Lucifer. Mereka mempunyai kedudukan dan martabat seperti penghulu malaikat yang lain, tetapi mereka memiliki autoriti yang istimewa.

Secara umumnya, makhluk rohani tidak diberikan kehendak bebas. Mereka hanya dapat mentaati Tuhan tanpa syarat. Tetapi bagi tiga penghulu malaikat yang tergolong kepada Tuhan secara langsung, mereka terkecuali dan Tuhan memberikan mereka kemanusiaan dan kehendak bebas, yang hanya dimiliki oleh manusia. Tuhan menciptakan mereka dengan kemanusiaan supaya boleh berkongsi kasih sayang dengan Dia walaupun mereka tidak boleh menjadi anak-anak sebenar Tuhan yang diperolehi melalui penggemburan manusia. Tuhan membenarkan mereka berkhidmat kepada Dia dengan hati mereka dan berkongsi perasaan gembira dan keseronokan dengan Dia dengan kehendak bebas mereka.

Ketiga-tiga penghulu malaikat mempunyai penampilan kewanitaan, dan mereka mempunyai hati yang lembut, bersifat lemah lembut, dan baik. Kata-kata yang keluar dari mulut mereka dipenuhi dengan aroma yang baik, dan tingkah laku mereka anggun. Tetapi setiap daripada mereka mempunyai sedikit perbezaan dalam perwatakan mereka. Lucifer mempunyai sifat-sifat yang lebih kuat menonjol berbanding dengan dua malaikat yang lain. Lucifer bertanggungjawab ke atas muzik, dan beliau menghiburkan Tuhan dengan suara yang indah dan bermain alat-alat muzik. Tuhan gembira dengan nyanyian pujian beliau dan amat menyayangi beliau.

Sekali, Tuhan memperlihatkan Lucifer kepada saya. Beliau memakai gaun yang besar dan indah yang dihiasi dengan pelbagai batu permata berharga. Rambut beliau dihiasi dengan permata berjuntaian ke bawah dan amat sesuai sekali dengan rambut perang beliau. Beliau sedang bermain alat muzik yang tersergam megah. Campuran bunyi batu permata yang berlanggaran serta bunyi nyanyian pujian tersebar luas seperti bunyi angin sedang meniup. Bunyi itu sampai ke Tuhan dan ia sangat indah.

Tetapi disebabkan beliau sangat dicintai oleh Tuhan dan menikmati kuasa yang hebat untuk waktu yang lama, keangkuhan mula berputik di dalam hati beliau. Apabila beliau melihat semua perkara yang Tuhan melakukan serta autoriti Dia yang besar untuk berkuasa ke atas seluruh alam rohani, beliau iri hati. Keangkuhan bertambah di dalam hati beliau dan beliau merasakan bahawa beliau boleh memerintah dengan lebih baik berbanding dengan Tuhan. Akhir sekali, beliau membuat rancangan untuk mengangkat diri beliau lebih tinggi daripada Tuhan dan mula mengumpulkan konco-konco beliau.

Lucifer memiliki kuasa yang begitu hebat sehingga beliau mula mengumpul malaikat-malaikat yang di bawah kawalan beliau untuk berpihak kepada beliau. Selain daripada ramai malaikat, beliau juga menggoda naga-naga dan banyak kerubim yang berada di bawah kawalan beliau. Beliau menipu mereka dengan berlakon seolah-olah sedang melaksanakan misi rahsia untuk Tuhan.

Pemberontakan Lucifer yang Gagal

Tuhan mengetahui hati Lucifer dan memberikan beliau peluang untuk insaf. Dia memastikan beliau tahu dengan jelas akibat pemberontakan tersebut dalam cubaan supaya beliau menyedari hakikat sebenar. Tetapi, keangkuhan telah pun bertapak di dalam hati Lucifer, dan beliau tidak insaf. Lucifer memberontak terhadap

Tuhan dan telah dikalahkan. Beliau telah dihalau keluar bersama-sama dengan makhluk rohani yang lain yang mengikuti beliau dan terbatas ke dalam Neraka, atau juga dikenali sebagai ,jurang maut'.

Yesaya 14:12-15 menerangkan tentang pemberontakan dan kekalahan Lucifer serta keputusan muktamad:

Wah, engkau sudah jatuh dari langit, hai Bintang Timur, putera Fajar! Engkau sudah dipecahkan dan jatuh ke bumi, hai yang mengalahkan bangsa-bangsa! Engkau yang tadinya berkata dalam hatimu: Aku hendak naik ke langit, aku hendak mendirikan takhtaku mengatasi bintang-bintang Tuhan, dan aku hendak duduk di atas bukit pertemuan, jauh di sebelah utara. Aku hendak naik mengatasi ketinggian awan-awan, hendak menyamai Yang Maha Tinggi." Sebaliknya, ke dalam dunia orang mati engkau diturunkan, ke tempat yang paling dalam di liang kubur.

Alkitab juga menceritakan tentang malaikat-malaikat yang setia kepada Lucifer. 2 Petrus 2:4 berfirman, "Sebab jikalau Tuhan tidak menyayangi malaikat-malaikat yang berbuat dosa, tetapi melemparkan mereka ke dalam neraka dan dengan demikian menyerahkannya ke dalam gua-gua yang gelap untuk menyimpan mereka sampai hari penghakiman...." Yudas 1:6 juga berfirman, "Dan bahwa Ia menahan malaikat-malaikat yang tidak taat pada batas-batas kekuasaan mereka, tetapi yang meninggalkan tempat kediaman mereka, dengan belenggu abadi di dalam dunia kekelaman sampai penghakiman pada hari besar..."

Kejadian 1:2 juga menyebut tentang apa yang berlaku di dalam alam rohani sebelum dunia diciptakan. Ia berfirman, "Bumi belum berbentuk dan kosong; gelap gelita menutupi samudera raya, dan Roh Tuhan melayang-layang di atas permukaan air."

Ayat ini mempunyai kedua-dua maksud rohani dan fizikal. Ia memberikan implikasi tentang apa yang telah berlaku di alam roh dan juga perkara-perkara yang sedang berlaku di dunia fizikal.

Dari segi rohaniah, berkata „bumi tidak berbentuk" menunjukkan bahawa bahawa hierarki rohaniah seketika terganggu disebabkan oleh pemberontakan Lucifer. ‚Bumi' di sini adalah menggambarkan dunia kegelapan yang dikuasai oleh Lucifer. Disebabkan Lucifer dan makhluk-makhluk yang mengikuti beliau telah melanggar perintah yang telah ditetapkan oleh Tuhan, maka dikatakan bahawa bumi tidak berbentuk. Seterusnya, ia tertulis bahawa bumi adalah ‚kosong'. Ini menujukan hati Tuhan selepas Dia dikhianati oleh Lucifer yang Dia begitu menyayangi.

Tetapi pemberontakan tersebut disekat tidak lama kemudian dan roh-roh jahat itu terbatas kepada bahagian Neraka paling mendalam, iaitu Jurang Maut. Ini dinyatakan dalam frasa, „kegelapan berada di atas permukaan yang mendalam." Tuhan memulihkan aturan dan keamanan dengan meletakkan kuasa kegelapan dalam jurang maut, dan ini dijelaskan dalam ungkapan, „Roh Tuhan bergerak di atas permukaan air."

Tuhan Mencipta Bumi di Syurga Pertama

Apabila bumi mula-mula diciptakan, keadaan tidak seperti pada hari ini. Terdapat aktiviti seismik, gunung berapi, dan pergerakan plat bumi dan kerak. Terdapat juga pelbagai aktiviti yang berlaku di atmosfera.

Oleh itu, keadaan bumi yang tidak stabil diterangkan di dalam frasa ini, "...bumi belum berbentuk dan kosong." Seterusnya ayat itu berbunyi, „...kegelapan berada di atas permukaan yang mendalam," Ini bermaksud bahawa apabila Bumi mula-mula diciptakan, tidak ada matahari, bulan, atau sebarang bintang di dalam galaksi kita, dan oleh itu Bumi diselaputi oleh kegelapan. Apabila Tuhan mengisi bumi dengan perkara-perkara yang perlu, Dia telah melakukan usaha terbaik Dia. Sama seperti seorang bapa yang sedang membina dan mengisi rumah untuk keluarganya dengan teliti, Dia mengisi seluruh bumi dan melengkapkan kerja penciptaan Dia.

Proses ini diterangkan di dalam ungkapan, „Roh Tuhan bergerak di atas permukaan air." Pada waktu itu, Tuhan sendiri turun ke bumi. Dia mencari apa yang diperlukan oleh Bumi dan bagaimana Dia boleh menciptakan semua perkara itu, dengan meninjau seluruh bumi. Alkitab berfirman bahawa Roh Tuhan bergerak di atas ‚permukaan air'. Ini menunjukkan pada kita bahawa keseluruhan Bumi pada masa itu ditutupi oleh air. Sama seperti janin membesar di dalam cecair amnion di dalam uterus, Bumi juga ditutupi air untuk masa yang sangat lama sebelum penciptaan-enam hari berlaku di bumi.

Jadi, dari mana datangnya air yang menutupi seluruh Bumi? Air ini adalah air kehidupan yang mengalir keluar daripada takhta Tuhan. Tuhan menciptakan air kehidupan apabila Dia menciptakan alam roh yang luas, dan Dia membawa air itu ke Bumi. Sebab mengapa Dia meliputi Bumi ini dengan air kehidupan adalah untuk menyediakan persekitaran yang bagus untuk semua benda hidup termasuk manusia supaya boleh hidup di Bumi pada masa akan datang.

Kita tidak menemui mana-mana planet di dalam sistem suria yang mempunyai begitu banyak air seperti Bumi. Sebenarnya, kita masih belum menemui mana-mana planet yang lain yang mempunyai air yang cukup untuk menampung kehidupan. Ini disebabkan Tuhan hanya membawa air kehidupan ini ke Bumi dan menyediakan persekitaran asas di mana semua benda hidup boleh meneruskan kehidupan mereka.

Apabila Tuhan meliputi Bumi dengan air kehidupan, Dia menghendaki semua manusia memperolehi kehidupan abadi dalam Tuhan. Dia mahu semua manusia yang tinggal di Bumi tampil sebagai anak-anak yang memiliki hati yang suci seperti air kehidupan.

Kehematan Tuhan dalam Mengasingkan Keterangan dan Kegelapan

Akhirnya, Tuhan memulakan hari pertama penciptaan. Kejadian 1:3-4 berbunyi, "Berfirmanlah Tuhan: „Jadilah terang." Lalu terang itu jadi. Tuhan melihat bahwa terang itu baik, lalu dipisahkan-Nya terang itu dari gelap. Tuhan berfirman, "Jadilah Terang." Keterangan di sini adalah cahaya rohaniah yang terpancar keluar daripada takhta Tuhan. Ia memiliki kuasa dan ketuhanan Tuhan. Tuhan menutupi Bumi dengan cahaya itu dan menetapkan asas Bumi supaya ianya tidak berbentuk tetapi terus berfungsi dengan cara yang teratur dan sistematik.

Kemudian, Kejadian 1:4-5 berfirman, "Tuhan melihat bahwa terang itu baik, lalu dipisahkan-Nya terang itu dari gelap. Dan Tuhan menamai terang itu siang, dan gelap itu malam. Jadilah petang dan jadilah pagi, itulah hari pertama." Dengan mengarahkan cahaya itu wujud, aturan dan peraturan-peraturan asas alam semulajadi telah ditetapkan di Bumi, dan walaupun matahari atau bulan tidak wujud, Bumi beroperasi seperti telah pun wujud matahari bulan dan bulan. Dalam erti kata lain, siang dan malam di bumi tidak berpunca dari matahari dan bulan bulan. Perintah dan peraturan berkaitan dengan siang dan malam telah pun ditetapkan oleh Tuhan, dan matahari dan bulan hanya diciptakan kemudian untuk mengawal siang dan malam.

Tetapi memisahkan siang dan malam maksud rohani yang jauh lebih penting berbanding dengan pemisahan fizikal. Ia bermakna pada hari pertama penciptaan, Tuhan membebaskan Lucifer dan beberapa malaikat lain yang derhaka dari dalam Jurang Maut dan alam roh jahat terbentuk. Tuhan mengetahui bahawa harus wujud keterangan dan kegelapan rohaniah untuk penggemburan manusia sama seperti semua perkara yang lain di bumi berfungsi berdasarkan kitaran siang dan malam. Dia merancang segala-galanya sebelum permulaan zaman lagi, dan apabila waktunya tiba, Dia memberikan kuasa kepada Lucifer yang telah mengkhianati Tuhan, untuk menjadikan dia ketua kegelapan.

Tetapi ini tidak bermakna bahawa Dia memberikan kuasa yang sama seperti kuasa Tuhan yang merupakan Ketua dan Pemilik alam semesta yang luas. Dia membenarkan makhluk-makhluk rohani dia dan aturan serta sistem dunia roh-roh jahat khususnya bagi tujuan penggemburan manusia, supaya penggemburan manusia akan berlaku dengan adil dan saksama. Sebenarnya, Lucifer ketua kegelapan dahulunya tergolong di dalam cahaya tetapi dia terkeluar daripadanya dan menjadi tercemar. Dia masih tertakluk kepada kuasa dan autoriti mutlak Tuhan.

Tuhan Membenarkan Ruangan Kegelapan di Syurga Kedua

Kejadian 1:6-8 berbunyi, "Berfirmanlah Tuhan: ,Jadilah cakerawala di tengah segala air untuk memisahkan air dari air.' Maka Tuhan menjadikan cakerawala dan Ia memisahkan air yang ada di bawah cakerawala itu dari air yang ada di atasnya. Dan jadilah demikian. Lalu Tuhan menamai cakerawala itu langit. Jadilah petang dan jadilah pagi, itulah hari kedua."

Dengan air kehidupan yang mengalir keluar dari takhta Tuhan, Tuhan menstabilkan Bumi yang kemudian menjadi pentas untuk penggemburan manusia. Kemudian Dia menciptakan cakerawala itu. Keluasan di Bumi merujuk kepada atmosfera yang telah diciptakan. Tuhan kemudian memisahkan air yang meliputi Bumi kepada air di bawah dan air di atas cakerawala tersebut.

Air di bawah cakerawala itu adalah air yang tertinggal di atas Bumi. Pada hari ketiga penciptaan, air berkumpul di satu tempat untuk membentuk lautan, dan ia menjadi sumber yang membentuk badan-badan air lain seperti sungai dan tasik di Bumi. Air di atas cakerawala digunakan untuk fenomena cuaca seperti pembentukan awan dan hujan, tetapi penggunaan utama air ini adalah untuk Taman Syurgawi.

Apabila Alkitab menyebut ‚cakerawala‘ ianya bukan hanya merujuk kepada langit yang kita boleh lihat. Di dalam Kejadian 1, tertulis bahawa kesemua benda yang Tuhan menciptakan semasa enam hari penciptaan sememangnya ‚baik‘, kecuali pada hari yang kedua. Pada hari kedua Tuhan tidak menyebutnya sebagai ‚baik‘. Sebabnya adalah pada hari kedua Tuhan membenarkan ruangan kegelapan terbentuk di syurga kedua untuk roh-roh jahat, kerana mereka telah diberikan ‚kuasa di udara‘, dan kemudiannya digunakan sebagai peralatan dalam penggemburan manusia.

Efesus 2:2 menyatakan “Pada waktu itu kalian mengikuti kebiasaan-kebiasaan dunia ini; bererti kalian taat kepada penguasa angkasa raya, iaitu roh yang sekarang menguasai hati orang-orang yang tidak taat kepada Tuhan.” Ini memberitahu kita bahawa ruangan kegelapan di mana roh-roh jahat tinggal ialah ‚udara‘. Ia adalah ruangan yang selari dengan timur Taman Syurgawi. Ini lah tempat di mana roh-roh jahat akan tinggal sehingga penggemburan manusia telah selesai.

Sebenarnya, Taman Syurgawi serta ruangan untuk Jamuan Perkahwinan Tujuh Tahun yang akan diadakan setelah penggemburan manusia tamat juga terletak di syurga kedua. Tetapi, disebabkan ruangan kegelapan di mana roh-roh jahat memiliki kuasa telah terbentuk, Tuhan tidak menyatakannya sebagai ‚baik‘ pada hari yang kedua.

Dunia Roh-roh Jahat

Sebelum dia menjadi pemimpin roh-roh jahat, Lucifer telah melihat dan mempelajari banyak perkara oleh sebab dia sangat dekat kepada Tuhan Bapa. Dia telah melihat bagaimana Tuhan berkuasa ke atas alam roh yang luas melalui khidmat malaikat dan kerubim, dan apabila dia membentuk dunia roh jahat, dia meniru cara-cara Tuhan. Dia mengasaskan dua rantaian pemerintahan untuk mengeluarkan arahan dan memerintah dunia kegelapan. Salah satu adalah rantaian pemerintahan para naga dan malaikat mereka dan yang lagi satu adalah rantaian pemerintahan Syaitan dan Iblis.

Pertama sekali, Lucifer memberikan naga-naga itu kuasa melaksanakan yang serupa dengan jeneral dalam tentera dan menyusun malaikat-malaikat di bawah jagaan mereka untuk menyokong kerja-kerja mereka. Empat naga yang memiliki ,kuasa di udara' mengawal manusia kegelapan supaya menerima pemujaan mereka. Naga itu menembusi tempat-tempat penyembahan berhala yang mengakibatkan manusia menyembah mereka

Lucifer mengawal segala-galanya ,di sebalik tabir' dengan bekerja melalui Syaitan. Syaitan mengawal pemikiran ketidakbenaran manusia yang mempunyai hati dan pemikiran yang sama dengan Lucifer. Syaitan tidak mempunyai bentuk yang pejal, dan dia wujud sebagai asap gelap. Untuk sebab ini, mereka yang menerima kerja-kerja Syaitan mempunyai sesuatu yang seperti awan gelap di keliling muka mereka. Untuk sebab ini, asap gelap itu menutupi seluruh badan mereka daripada kepala sampai kaki.

Dan kerja-kerja iblis ini yang menghasut manusia untuk bertindak berdasarkan pemikiran dusta mereka. Beberapa malaikat yang derhaka dibebaskan dan mereka bertindak sebagai syaitan. Syaitan melakukan perkara-perkara yang bertentangan dengan malaikat, dan memakai pakaian berwarna serba hitam.

Apabila seseorang melakukan perkara-perkara jahat apabila dihasut oleh kejahatan, sehingga ke tahap dia menyerahkan hati dia, maka syaitan itu akhirnya akan menundukkan dia. Iblis merupakan roh-roh jahat, tetapi mereka bukan makhluk rohani yang telah diciptakan oleh Tuhan seperti para malaikat. Mereka adalah manusia yang dahulunya tinggal di bumi. Segelintir orang yang meninggal dunia tanpa penyelamatan kembali ke dunia ini dalam kes-kes tertentu dan bertindak sebagai alat roh-roh jahat.

Dunia roh jahat dibentuk oleh Lucifer sebagai ketuanya, dan mereka mengganggu kerja-kerja Tuhan. Usaha-usaha mereka bertujuan semata-mata untuk melencongkan satu lagi jiwa ke jalan Neraka. Sebab mengapa Tuhan memberikan Lucifer dan roh-roh jahat kuasa kegelapan adalah untuk memperolehi anak-anak sebenar melalui penggemburan manusia. Anak-anak sebenar adalah mereka yang tinggal di dalam Cahaya dengan menyerupai Tuhan. Mereka percaya kepada Tuhan, Penyelamat Yesus Kristus, dan mencintai serta mentaati Tuhan atas kerelaan diri mereka sendiri.

Dunia roh jahat boleh diumpamakan kepada baja yang ditaburkan di ladang pertanian oleh para petani. Baja kimia adalah agen-agen yang yang toksik dan berbahaya kepada manusia sekiranya ditelan. Tetapi sekiranya ia diberikan kepada tumbuh-tumbuhan, ia dapat membantu tumbuhan-tumbuhan tersebut membuahkan hasil yang lumayan. Begitu juga, melalui kerja-kerja Lucifer dan roh-roh jahat yang menentang Tuhan dan mendorong anak-anak Tuhan untuk melakukan dosa, kita mula menyedari melalui perbandingan yang jelas betapa kotornya kegelapan dan bagaimana berharga Cahaya itu. Kemudian kita mula lebih menyukai Cahaya itu dan lebih teringin untuk menjadi anak-anak Cahaya. Oleh itu, Lucifer dan roh-roh jahat membantu dengan penggemburan manusia oleh Tuhan.

Tuhan memberikan manusia pilihan melalui kehendak bebas supaya mereka boleh memilih di antara cahaya dan kegelapan dengan sendiri. Tuhan tinggal di dalam cahaya dan adalah lazim bagi sesiapa yang mencintai Tuhan untuk ingin berada di dalam Cahaya dan lebih berdekatan dengan Tuhan. Melalui proses ini lah Tuhan memperolehi anak-anak sebenar. Prosos ini dipanggil penggemburan manusia. Tuhan ialah Cahaya sebenar dan mereka yang berpaling daripada kegelapan dan memasuki Cahaya itu akan menyerupai Tuhan. Mereka ini lah yang dikatakan sebagai anak-anak sebenar Tuhan. Mereka tinggal dengan Yesus selama-lamanya di dalam ruangan cahaya. Mereka akan menikmati kegembiraan dan kemuliaan abadi yang diberikan oleh Tuhan.

Kawasan Cahaya dan Kegelapan Wujud Bersama di Syurga Kedua

Ruangan cahaya dikuasai oleh Tuhan Ruangan cahaya termasuk Taman Syurgawi di syurga kedua, syurga ketiga di mana terletaknya kerajaan syurgawi, dan syurga keempat yang merupakan tempat asal Tuhan.

Di syurga kedua, kawasan cahaya dan kawasan kegelapan wujud bersama. Seperti diterangkan di atas, Tuhan mengasingkan cahaya dan kegelapan pada hari pertama penciptaan. Lucifer dan roh-roh jahat dibebaskan pada hari pertama, dan mereka mula tinggal di kawasan kegelapan di syurga kedua pada hari kedua penciptaan. . Tuhan membenarkan mereka tinggal di kawasan ini di syurga kedua sepanjang tempoh penggemburan manusia. .

Jadi, apakah jenis ruangan wujud di kawasan Jadi, apakah jenis ruangan wujud di kawasan cahaya syurga kedua?

Salah satu tempat itu adalah tempat untuk Jamuan Perkahwinan Tujuh Tahun yang Tuhan telah menyediakan. Jiwa-jiwa terselamat, yang merupakan hasil penggemburan manusia, akan menghadiri Jamuan itu pada masa hadapan. 1 Tesalonika 4:17 berfirman, "sesudah itu, kita yang hidup, yang masih tinggal, akan diangkat bersama-sama dengan mereka dalam awan menyongsong Tuhan di angkasa. Demikianlah kita akan selama-lamanya bersama-sama dengan Tuhan." 'Langit' di dalam ayat ini adalah kawasan cahaya di syurga kedua..

Tempat lain di kawasan cahaya ini ialah Taman Syurgawi. Ramai orang beranggapan bahawa Taman syurgawi berada di atas bumi. Oleh itu, ramai yang mencarinya di Israel dan tempat-tempat lain di Timur Tengah. Tetapi tidak seorang pun pernah menjumpai sebarang kesan Taman syurgawi itu di bumi selama ini. Ini adalah kerana Taman syurgawi tidak diciptakan di atas Bumi ini, tetapi di syurga kedua iaitu di alam roh.

Tuhan menciptakan manusia pertama, Adam, di atas Bumi dan kemudian membawa dia ke Taman syurgawi. Ini kerana Adam diciptakan daripada debu tanah, namun dia bukan makhluk fizikal. Kejadian 2:7 berfirman, "Lalu TUHAN membentuk manusia itu dari debu tanah dan menghembuskan nafas hidup ke dalam hidungnya; demikianlah manusia itu menjadi makhluk yang hidup." Adam menjadi makhluk hidup, roh hidup, kerana dia diberikan nafas kehidupan oleh Tuhan. Ruangan fizikal tidak sesuai untuk Adam yang merupakan makhluk rohani, tetapi lebih sesuai di Taman syurgawi iaitu ruangan rohaniah yang terletak di syurga kedua..

Taman Syurgawi berada di alam roh, tetapi berbeza daripada kerajaan syurgawi yang terletak di syurga ketiga. Ia merupakan dunia roh tetapi jika manusia dari sana turun ke Bumi ini kita boleh melihat dan menyentuh mereka. Persekitaran di Taman syurgawi adalah serupa dengan persekitaran di Bumi, tetapi tumbuh-tumbuhan dan haiwan di situ tidak mati mahupun mereput kerana ianya berada di dalam alam roh. Ianya adalah persekitaran semulajadi yang bersih dan suci sepenuhnya dan kekal begitu. Keluasan tempat itu melampaui imaginasi kita. Disebabkan Adam merupakan roh hidup, selain Bumi, Tuhan juga menciptakan Taman syurgawi di syurga kedua untuk dia.

Syurga Ketiga dan Keempat

Syurga ketiga adalah tempat di mana terletaknya kerajaan syurgawi. Ia menempatkan takhta Tuhan, dan merupakan ruang di mana anak-anak Tuhan, yang diselamatkan melalui Yesus Kristus akan tinggal selama-lamanya. Hawari Paulus dibawa ke syurga ketiga dan melihat Firdaus. Sebagai tambahan di dalam Wahyu 21, hawari Yohanes menerangkan dengan terperinci gambaran Baitulmuqaddis Baru. Kita boleh melihat bahawa kerajaan syurgawi bukannya satu ruang tetapi terdiri daripada pelbagai ruangan yang berbeza.

yang pertama, Firdaus, yang telah dilihat oleh hawari Paulus, adalah tempat tinggal untuk mereka yang hampir-hampir tidak diselamatkan(Lukas 23:42-43). Mereka yang mempunyai iman yang sedikit lebih tinggi akan pergi ke Kerajaan syurgawi Pertama, dan mereka dengan iman yang lebih tinggi lagi akan memasuki Kerajaan Syurgawi Kedua.

Mereka yang telah menghapuskan semua bentuk kejahatan dan telah disucikan akan memasuki Kerajaan Syurgawi Ketiga. Mereka yang belum lagi membuang semua kejahatan tetapi telah mencapai tahap iman yang menyenangkan Tuhan, lazimnya mereka yang telah mencapai keseluruhan roh, akan memasuki bandar Baitulmuqaddis Baru di mana takhta Tuhan terletak. Di antara semua tempat di syurga ketiga, Baitulmuqaddis Baru paling terang kilauannya. Kilauan itu berkurangan apabila anda semakin jauh dari Baitulmuqaddis Baru. Firdaus ialah tempat yang paling kurang kilauannya. Di antara semua tempat di syurga ketiga, Baitulmuqaddis Baru paling bersinar kilauannya. Ia masih lebih berkilau dan lebih indah walau dibandingkan dengan Taman syurgawi di syurga kedua.

Syurga keempat ialah ruangan di mana Tuhan wujud sendiri pada permulaan. Ini adalah ruang yang eksklusif untuk Tuhan Triniti. Tempat di mana Tuhan asal menjeleket menjadi satu cahaya berada di syurga keempat. Ia berada di dalam dimensi yang sama seperti alam semesta asal. Di syurga pertama, kedua dan ketiga, masing-masing mempunyai peredaran masa yang berbeza. Tetapi di dalam syurga keempat kita boleh lihat bahawa peredaran masa hampir tidak wujud, dan tiada had masa. Selain itu, Tuhan boleh melakukan apa sahaja di sini, dan ini bermakna tiada had ruang.

Tiada sesiapa yang boleh memasuki ruangan ini sesuka hati kecuali Tuhan Triniti. Hanya beberapa penghulu malaikat dan orang-orang istimewa yang berada di Baitulmuqaddis baru boleh memasuki ruangan ini dengan izin Tuhan. Tidak seorang pun boleh menghampiri ruangan itu tanpa kebenaran Tuhan. Jika seorang pun memasuki ruangan itu tanpa izin Tuhan, roh dia akan lenyap seperti asap.

Setakat ini kita telah meneliti ruangan rohani yang meluas. Tuhan mengasingkan ruangan asal kepada syurga pertama, kedua, ketiga, dan keempat sebagai sebahagian daripada rancangan Dia untuk memperolehi anak-anak sebenar. Sama seperti wujud ruangan bertingkat di ‚syurga‘, terdapat juga ruangan bertingkat di ‚bumi‘. Terdapat Kubur Atasan, Kubur Bawahan, Neraka dan Jurang Maut.

Kubur Atasan dan Kubur Bawahan

Tuhan merujuk kepada tempat yang menjadi milik Dia sebagai ‚syurga'. dan tempat yang menjadi milik Syaitan musuh sebagai ‚bumi'. Tetapi ada satu pengecualian, iaitu Kubur Atasan.

Mereka yang telah diselamkan akan tinggal di Kubur Atasan selama tiga hari sebelum mereka pergi ke tempat menunggu di Firdaus. Di alam rohaniah, Kubur Atasan adalah kepunyaan ‚bumi' dan bukannya ‚syurga'. Tetapi ini tidak bermakna ianya adalah kepunyaan kuasa kegelapan. Kubur Atasan juga merupakan kawasan cahaya kepunyaan Tuhan, Syaitan dan Iblis tidak boleh memasukinya. Ianya berbeza dengan jelas daripada Kubur Bawahan yang berada di bawah kawalan kuasa kegelapan. Kawasan Kubur Atasan adalah kawasan kebenaran dan cahaya.

Tetapi sebab ianya dikatakan kepunyaan ‚bumi' adalah kerana ianya masih tidak sebaik Taman syurgawi yang berada di syurga kedua. Disebabkan ini apabila Alkitab menyatakan tentang mereka yang telah diselamatkan dan memasuki Kubur Atasan, mereka dikatakan pergi ke ‚bawah' dan bukannya ‚atas'.

Kejadian 37:35 berfirman, "Sekalian anaknya laki-laki dan perempuan berusaha menghiburkan dia, tetapi ia menolak dihiburkan. Serta katanya: „Tidak! Aku akan berkabung, sampai aku turun mendapatkan anakku, ke dalam dunia orang mati!" Demikianlah Yusuf ditangisi oleh ayahnya." ‚Dunia orang mati' di sini bukan merujuk kepada Kubur Bawahan untuk mereka yang belum diselamatkan tetapi merujuk kepada Kubur Atasan untuk mereka yang telah diselamatkan.

1 Samuel 28:12-13 juga berfirman, "Ketika perempuan itu melihat Samuel, berteriaklah ia dengan suara nyaring. Lalu perempuan itu berkata kepada Saul, demikian: „Mengapa engkau menipu aku? Engkau sendirilah Saul." Maka berbicaralah raja

kepadanya: „Janganlah takut; tetapi apakah yang kau lihat?" Perempuan itu menjawab Saul: „Aku melihat roh muncul dari dalam bumi." Ini adalah adegan di mana wanita yang menjadi perantara terkejut melihat Samuel yang telah mati. Samuel berada di dalam Kubur Atasan, dan sebab itulah dikatakan dia muncul dari dalam bumi.

Sudah tentu bahawa wanita perantara itu sebenarnya tidak memanggil keluar roh Samuel. Ahli-ahli sihir atau perantara tidak mempunyai kuasa untuk berkomunikasi dengan Tuhan atau memanggil roh orang mati. Mereka hanya boleh menghubungi kawasan kegelapan dan memanggil roh-roh jahat.

Walau bagaimanapun, ini adalah satu peristiwa yang istimewa. Tuhan secara khusus membawa keluar Samuel yang berada di dalam Kubur Atasan supaya mereka dapat tahu kehendak Tuhan. Saul telah pun ditinggalkan oleh Tuhan akibat keingkaran dia, tetapi Tuhan memberinya rahmat istimewa kerana dia masih raja Israel, dan Tuhan teringat bahawa Samuel berdoa dengan berkabung dan air mata untuk Saul supaya berpaling daripada cara jahat dan maksiat ketika dia masih hidup.

Sebab mengapa Samuel berada di Kubur Atasan adalah kerana Yesus belum lagi disalib. Hanya setelah Yesus disalib dan dihidupkan semula baru lah Dia mengambil jiwa-jiwa yang berada di Kubur Atasan ke tempat menunggu di Firdaus. Sebelum kehidupan semula Yesus, jiwa-jiwa yang telah diselamatkan tinggal di Kubur Atasan bersama Ibrahim, bapa keimanan, yang bertanggungjawab ke atas tempat itu. Sebab itu Alkitab menyatakan bahawa semua jiwa yang telah diselamatkan akan pergi ke ‚pangkuan Ibrahim'. Lukas 16:22 berfirman, "Kemudian matilah orang miskin itu, lalu dibawa oleh malaikat-malaikat ke pangkuan Ibrahim; Orang kaya itu juga mati, lalu dikubur."

Alkitab tidak membezakan di antara Kubur Atasan dan Kubur

Bawahan, dan ia hanya tertulis bahawa manusia turun ke Shoel atau juga dikenali sebagai Alam Roh. Tetapi dalam perumpamaan lelaki kaya dan lelaki miskin Lazarus, Yesus bercakap tentang perbezaan tempat untuk orang yang diselamatkan dan tidak diselamatkan. Lazarus diselamatkan dan memeluk Ibrahim, iaitu ke Kubur Atasan, dan tempat ini berbeza dengan Kubur Bawahan di mana orang kaya itu pergi. Ada jurang yang besar di antara kedua-dua tempat dan mereka tidak boleh melintasinya untuk saling melawat. Apabila kita menerangkan tentang dunia rohani dari segi syurga dan dunia, kita katakan bahawa Kubur Atasan milik dunia, tetapi ia termasuk dalam kawasan cahaya milik Tuhan.

Neraka Mengandungi Tasik Api dan Sulfur yang Terbakar

Kawasan kegelapan juga mempunyai tasik api dan tasik sulfur (sulfur yang terbakar) selain Kubur Bawahan. Orang yang tidak diselamatkan akan mati, mereka menderita di Kubur Bawahan dan masuk ke tasik api atau tasik sulfur yang terbakar selepas Penghakiman Agung. Penghakiman dijalankan tanpa kesilapan oleh Buku Kehidupan yang mempunyai nama semua orang yang diselamatkan dan sebuah buku yang menulis tentang amalan semua orang.

Wahyu 20:12-15 membincangkan cara penghakiman dijalankan:

Dan saya melihat orang-orang mati, besar kecil, berdiri di depan takhta itu. Maka buku-buku pun dibuka. Lalu sebuah buku yang lain dibuka, iaitu Buku Orang Hidup. Kemudian hukuman dijatuhkan ke atas orang mati, setimpal dengan perbuatan mereka menurut yang tercatat di dalam buku-buku itu. Lalu laut menyerahkan orang-orang mati yang ada di dalamnya. Maut dan

Alam Maut pun menyerahkan orang-orang mati yang ada padanya. Dan orang-orang mati itu semuanya dijatuhi hukuman setimpal dengan perbuatan mereka. Kemudian Maut dan Alam Maut dilemparkan ke dalam lautan api. Lautan api ini adalah kematian tahap kedua. Dan setiap orang yang tidak ditemukan namanya tertulis di dalam kitab kehidupan itu, ia dilemparkan ke dalam lautan api itu.

'Orang mati' merujuk kepada orang yang tidak menerima Yesus Kristus atau orang yang mempunyai keimanan yang mati. Mereka akan berdiri di hadapan arasy Tuhan untuk diadili, dan ada buku yang akan dibuka. Selain Buku Kehidupan yang mencatatkan nama semua orang yang diselamatkan, ada buku lain yang menuliskan setiap satu amalan orang mati yang tidak diselamatkan. Bukan hanya amalan semua orang, tetapi juga fikiran mereka dan apa yang mereka simpan dalam hati dan minda sejak lahir sehingga kematian dicatatkan oleh malaikat. Orang yang tidak diselamatkan akan diadili bergantung kepada dosa mereka yang dicatatkan dalam buku dan menerima hukuman abadi.

"Laut" merujuk kepada peringkat penggemburan manusia, iaitu di dunia ini. Oleh itu, ekspresi 'laut menimbulkan orang mati', memberitahu kita bahawa mereka digemburkan di dunia ini. Ini juga bermakna dunia akan menyerahkan jasad fizikal yang mati untuk dihakimi. Apabila manusia mati tanpa menerima penyelamatan, roh mereka akan terkurung dalam Kubur Bawahan manakala tubuh mereka akan menjadi debu di dunia ini. Tetapi semasa Penghakiman Akhir, roh yang berada di Kubur Bawahan akan memakai jasad yang sesuai untuk penghakiman.

Ia juga menyatakan, "dan kematian serta Hades menyerahkan orang mati yang berada di dalamnya." Ini bermakna orang yang berada di Kubur Bawahan telah ditakdirkan untuk menderitai kematian abadi disebabkan dosa mereka dan akan berdiri di hadapan Tuhan untuk diadili. Sehingga Penghakiman Agung Arasy Putih berlaku, mereka menerima pelbagai jenis hukuman di Kubur Bawah, contohnya dimakan serangga atau haiwan, atau didera oleh utusan neraka.

Selepas Penghakiman Agung, mereka akan masuk ke tasik api atau tasik sulfur terbakar (Wahyu 21:8). Kesakitan yang dirasai di tasik api adalah lebih dahsyat berbanding dengan kesakitan di Kubur Bawahan. Mereka akan menderita dan digarami dengan api di mana, "ULAT MEREKA TIDAK AKAN MATI, DAN API TIDAK TERPADAM" (Markus 9:47-49). Tasik sulfur terbakar adalah tempat orang yang melakukan dosa besar seperti bidaah terhadap roh Kudus dan mengganggu kerja Roh Kudus. Ia tujuh kali lebih panas berbanding tasik api.

Jurang Maut

Bahagian paling dalam dalam kegelapan adalah Jurang Maut di mana roh jahat akan masuk. Selepas Yesus kembali ke udara, anak-anak Tuhan yang diselamatkan akan menikmati Jamuan Perkahwinan Tujuh Tahun di udara. Pada masa yang sama, dunia akan berhadapan dengan masa yang mencabar. Roh jahat yang berada di udara akan turun ke dunia dan mengambil kuasa. Dunia akan dilanda Perang Dunia III, dan tragedi seperti neraka di Dunia akan berlaku. Selepas Bencana Besar Tujuh Tahun telah berkahi, roh jahat akan dikurung dalam Jurang Maut dan Kerajaan Milenium akan bermula di dunia.

Anak-anak Tuhan yang melengkapi Jamuan Perkahwinan Tujuh Tahun di udara akan turun ke dunia dengan Yesus dan memimpin bersama-samaNya selama 1,000 tahun (Wahyu 20:4). Dunia, yang musnah akibat Bencana Tujuh Tahun, akan diperbaharui sepenuhnya dan mempunyai persekitaran yang indah. Pada penghujung Kerajaan Milenium, roh jahat akan dibebaskan semula sekali lagi buat seketika oleh takdir Tuhan, tetapi mereka sekali lagi akan dikurung dalam Jurang Maut selepas Penghakiman Agung Arasy Putih.

Sehingga sebelum Penghakiman Agung Arasy Putih, Azazil dan utusannya mengawal Kubur Bawahan, tetapi selepas Penghakiman, Kubur Bawahan dan Neraka akan dikawal oleh kuasa Tuhan. Roh jahat akan dihumban keluar seperti sampah di Jurang Maut yang amat gelap dan sejuk. Mereka akan dikurung dalam keadaan tidak boleh bergerak langsung, seolah-olah dihempap batu besar. Malaikat yang jatuh ini akan dihumban dengan dan sayap mereka dicabut sebagai simbol sumpahan dan malu.

Dihumban mungkin kedengaran tidak seksa seperti kesakitan dan hukuman Neraka, tetapi tidak begitu. Seperti tekanan yang semakin bertambah apabila anda masuk ke kedalaman air yang tinggi, kekuatan badaniah akan menjadi lebih kuat apabila kita masuk lebih dalam di Neraka. Jurang Maut adalah bahagian Neraka paling dalam, dan smeua tenaga badaniah akan mampat di tempat ini. Hukuman masuk ke Jurang Maut adalah lebih sakit daripada didera oleh utusan neraka di Kubur Bawahan atau menderita kesakitan Tasik api tasik sulfur yang terbakar.

Bayangkan anda terkurung dalam blok konkrit besar dan tidak dapat bergerak langsung. Anda sedar, tetapi anda tidak dapat bernafas atau mengelipkan mata. Anda adalah fosil yang hidup. Menjadi fosil, anda perlu menerima pelbagai jenis kesakitan, kuasa kesedihan dan tekanan yang menekan anda ke bawah seolah-olah anda akan meletup.

Azazil dikasihi Tuhan sebelum dia menjadi korup, tetapi dia akan dikurung dalam sumpahan abadi ini kerana telah menentang Tuhan. Tuhan tidak menghukum Azazil sebaik sahaja dia menentang. Dia pun makhluk biasa jadi Tuhan mampu memusnahkannya dengan serta-merta, tetapi Dia tidak berbuat begitu, dan ada alasan di sebaliknya.

Ini kerana kita menjadi anak-anak Tuhan sejati disebabkan kewujudan Azazil, pemerintah kegelapan semasa penggemburan manusia. Kita dapat berubah menjadi anak-anak cahaya yang menyerupai Tuhan dengan berjaga-jaga dan berdoa sementara musuh berkeliaran seperti singa yang mengaum cuba mencari mangsa. Tuhan mahu berkongsi kegembiraan abadi dengan anak-anak cahaya di Baitulmuqaddis Baru, yang merupakan ruangan cahaya. Jadi, apakah kelayakan untuk masuk ke ruangan cahaya ini?

Bab 2

Kelayakan untuk Masuk ke Ruangan Cahaya

Cahaya dan kegelapan tidak boleh wujud bersama.
Untuk masuk ke ruangan cahaya
kita perlu menyelesaikan masalah kegelapan.
Lebih baik kita berhubungan dengan Tuhan yang merupakan Cahaya
dan mempunyai hati Yesus Kristus,
Lebih terang ruang cahaya yang kita boleh masuk.

Tuhan Mahukan Anak-anak Cahaya

Amalkan Kebaikan dengan Hati Roh

Memiliki Buah Kebenaran dengan Keimanan

Mempunyai Buah Kejujuran dengan Amalan

Buah Cahaya Memimpin Kita ke Ruangan Cahaya

Manusia perlu masuk ke sama ada ruangan cahaya atau kegelapan selepas hidup di dunia sudah berakhir. Memandangkan roh manusia tidak akan musnah, ia perlu pergi ke sama ada Syurga atau Neraka.

Berkaitan ini, Ibrani 9:27 berfirman, "Dan sama seperti manusia ditetapkan untuk mati hanya satu kali saja, dan sesudah itu dihakimi..." Selain itu, Yohanes 5:29 juga berfirman, "...dan mereka yang telah berbuat baik akan keluar dan bangkit untuk hidup yang kekal, tetapi mereka yang telah berbuat jahat akan bangkit untuk dihukum." Kehidupan di dunia ini bukanlah penghujung. Ada kehidupan akan datang yang abadi, dan apabila kehidupan fizikal kita tamat, hanya ada dua alternatif. Mereka akan pergi ke Syurga atau ke Neraka.

Tuhan kasih sayang mahu semua orang menerima penyelamatan dan menikmati keseronokan di kawasan cahaya. 1 Peterus 2:9 berfirman, "Tetapi kamulah bangsa yang terpilih, imamat yang rajani, bangsa yang kudus, umat kepunyaan Tuhan sendiri, supaya kamu memberitakan perbuatan-perbuatan yang besar dari Dia, yang telah memanggil kamu keluar dari kegelapan kepada terang-Nya yang ajaib."

Mari kita lihat sama ada kita boleh masuk ke ruangan cahayaNya sebagai paderi diraja atau tidak.

Tuhan Mahukan Anak-anak Cahaya

Hawari Paulus bercakap tentang Tuhan seperti berikut: "[Tuhan] Dialah satu-satunya yang tidak takluk kepada maut, bersemayam dalam terang yang tak terhampiri. Seorangpun tak pernah melihat Dia dan memang manusia tidak dapat melihat Dia. Bagi-Nyalah hormat dan kuasa yang kekal! Amin. Amin" (1 Timotius 6:16). Ini bermakna Tuhan hidup dalam cahaya, dan Dia abadi serta sempurna. 1 Yohanes 1:5 berkata, "Inilah berita yang telah kami dengar dari Dia dan yang kami sampaikan kepada kalian: Tuhan itu terang, dan padaNya tidak ada kegelapan sama sekali."

Yakobus 1:17 juga berfirman, "...pada-Nya [Tuhan] tidak ada perubahan atau bayangan karena pertukaran.." Tuhan adalah Cahaya sendiri dan Dia tidak mempunyai bayang-bayang sekalipun. Atas sebab ini Alkitab banyak menyatakan bahawa kita juga perlu menjadi manusia cahaya yang menyerupai Tuhan.

1 Tesalonika 5:5 berfirman, "...kerana kamu semua adalah anak-anak terang dan anak-anak siang. Kita bukanlah orang-orang malam atau orang-orang kegelapan," dan Efesus 5:8-9 berfirman, "...Memang dahulu kamu adalah kegelapan, tetapi sekarang kamu adalah terang di dalam Tuhan; hiduplah sebagai anak-anak terang; (Kerana terang hanya berbuahkan kebaikan dan keadilan dan kebenaran)." Matius 5:14-16 juga berfirman, "Kamu adalah terang dunia. Kota yang terletak di atas gunung tidak mungkin tersembunyi; Tidak ada orang menyalakan pelita lalu meletakkannya di bawah gantang, melainkan di atas kaki dian sehingga menerangi semua orang di dalam rumah itu. Demikianlah

hendaknya terangmu bercahaya di depan orang, supaya mereka melihat perbuatanmu yang baik dan memuliakan Bapamu yang di syurga."

Cahaya dan kegelapan tidak boleh wujud bersama. Untuk masuk ke ruangan cahaya kita perlu menyelesaikan masalah kegelapan.

Jadi, apakah itu kegelapan yang kita perlu singkirkan sebelum menjadi anak Tuhan? Secara ringkas, kegelapan merujuk kepada semua perkara yang termasuk dalam dosa. Ini adalah perkara badaniah dan kerja badaniah, yang diterangkan secara terperinci dalam Jilid 1 Roh, Jiwa dan Jasad.

Kerja badaniah adalah dosa yang dilakukan dengan tindakan, dan perkara badaniah adalah dosa yang dilakukan dengan minda dan fikiran. Contohnya, kelicikan, ketamakan dan kejahatan adalah tidak benar, seperti dalam Roma bab 1. Selain itu, seperti dalam Galatia 5, ketidakmoralan, ketidaksucian, sensualiti, penyembahan berhala, sihir, sengketa, perbalahan, cemburu, kemarahan, pertengkaran, tidak puas hati, perpecahan, iri hati, kemabukan dan pesta pora adalah 'kerja badaniah'.

Ada juga perkara yang tidak kelihatan seperti kegelapan kepada kita tetapi adalah kejahatan pada pandangan Tuhan. Sama seperti kegelapan tidak boleh wujud di hadapan cahaya, dosa dan kejahatan milik kejahatan akan terserlah apabila cahaya kebenaran disinarkan padanya. Dengan Firman Tuhan yang merupakan cahaya, kita dapat menyedari kegelapan yang kita sendiri tidak sedari.

Contohnya, Yesus menerangkan bahawa Dia akan mati di Yerusalem tidak lama lagi, dan Petrus cuba menghentikannya kerana dia amat sayangkan Yesus. Kemudian, Yesus memarahi dia dengan berkata, "Pergi dari sini, Syaitan!" (Matius 16:23).

Petrus memikirkan bahawa dia bertanggungjawab menghentikan Yesus, tetapi ini adalah kejahatan pada pandangan Tuhan. Adalah kehendak Tuhan supaya Yesus disalib dan mencapai jalan penyelamatan. Dengan teguran begini, Petrus menjadi hawari yang merendah diri, yang membangkitkan semula orang mati dan membawa beribu-ribu orang untuk bertaubat dalam masa sehari selepas dia menerima Roh Kudus.

Seperti yang diterangkan, sesiapa yang mahu masuk ke dalam cahaya perlu keluar daripada dunia kegelapan dan menjadi anak cahaya. Mari kita lihat apa yang kita perlu lakukan secara khusus.

Mendapatkan Kebenaran Tuhan dengan Keimanan

Untuk masuk ke ruangan cahaya, pertama sekali kita perlu bertaubat daripada dosa tidak mempercayai Tuhan dan kemudian menerima Yesus Kristus. Sesiapa yang menerima pengampunan dosa dengan mempercayai Yesus Kristus akan mendapat kelayakan untuk masuk ke ruangan cahaya. Roma 3:22 berfirman, "...iaitu kebenaran Tuhan kerana melalui iman dalam Yesus Kristus bagi semua orang yang percaya. Sebab tidak ada perbezaan."

Selain itu, Yohanes 14:6 berfirman, "Kata Yesus kepadanya: „Akulah jalan dan kebenaran dan hidup. Tidak ada seorangpun yang datang kepada Bapa, kalau tidak melalui Aku." Roma 10:9 berfirman, "...sebab jika kamu mengaku dengan mulutmu, bahwa Yesus adalah Tuhan, dan percaya dalam hatimu, bahwa Tuhan telah membangkitkan Dia dari antara orang mati, maka kamu akan diselamatkan."

Jika kita mengakui dengan lidah bahawa Yesus adalah Tuhan dan percaya dalam hati bahawa Tuhan membangkitkanNya daripada kematian, ini bermakna kita percaya dengan kehendak salib dan kuasa kebangkitan semula. Ini bermakna kita percaya bahawa Yesus mati di salib menggantikan kita, yang sebagai pendosa telah ditakdirkan untuk menerima hukuman abadi disebabkan dosa, dan Dia menumpahkan darahNya yang berharga untuk menebus kita daripada dosa.

Jika kita percaya dengan hal ini, kita akan mengakui semua dosa dan mengambil keputusan untuk hidup dalam cahaya dengan kesyukuran terhadap Tuhan yang menderita disebabkan kita. Tuhan mencuci semua dosa orang begini dengan darah Yesus dan memberikan mereka hadiah Roh Kudus. Tuhan mengakui mereka sebagai anak-anakNya dan menulis nama mereka dalam buku kehidupan (Wahyu 20:15, 21:27). Inilah caranya kita dapat menikmati kehidupan abadi di Syurga, iaitu ruangan cahaya, apabila kita mengakui bahawa kita hidup berpandukan Firman Tuhan, berpaling daripada dosa dan berjalan dalam cahaya.

Mempunyai Hubungan dengan Tuhan yang Merupakan Cahaya

1 Yohanes 1:6-7 menyatakan, "Jika kita katakan, bahwa kita beroleh persekutuan dengan Dia, namun kita hidup di dalam kegelapan, kita berdusta dan kita tidak melakukan kebenaran. Tetapi jika kita hidup di dalam terang sama seperti Dia ada di dalam terang, maka kita beroleh persekutuan seorang dengan yang lain, dan darah Yesus, AnakNya itu, menyucikan kita daripada segala dosa." Apabila kita menerima Yesus Kristus dan menerima Roh Kudus, kita perlu belajar dan mengamalkan Firman Tuhan yang merupakan kebenaran, untuk dipertimbangkan sebagai anak yang mempunyai hubungan dengan Tuhan.

1 Yohanes 2:3 berfirman, "Dan inilah tandanya, bahwa kita mengenal Tuhan, iaitu jikalau kita menuruti perintah-perintah-Nya," dan 1 Yohanes 3:23 berfirman, "Dan inilah perintah-Nya itu: supaya kita percaya akan nama Yesus Kristus, Anak-Nya, dan supaya kita saling mengasihi sesuai dengan perintah yang diberikan Kristus kepada kita."

Kita perlu menyingkirkan bukan sahaja dosa yang dilakukan dengan tindakan, tetapi juga kejahatan dalam hati demi patuh kepada firman Tuhan yang memberitahu apa yang kita tak sepatutnya lakukan dan apa yang perlu disingkirkan. Kita juga perlu mengamalkan firman Tuhan dengan tekun, yang menyuruh kita bergembira, bersyukur, saling mengasihi, merendahkan diri, berkhidmat kepada orang lain, dan mematuhi hukum. Dengan cara inilah kita dapat menggemburkan hati Yesus dengan kasih kurnia dan kekuatan Tuhan serta bantuan Roh Kudus.

Tempat tinggal syurgawi kita berbeza bergantung kepada sejauh mana kita menjadi suci, dan berapa banyak cahaya yang kita keluarkan sebagai manusia rohani yang baik melalui hubungan dengan Tuhan iaitu Cahaya. Oleh itu, walaupun kita telah menerima penyelamatan dan mendapat kelayakan untuk masuk ke ruangan cahaya, kita perlu merampas kerajaan syurga secara berterusan sehingga kita mencapai matlamat tertinggi, iaitu bandar Baitulmuqaddis Baru.

Ada beberapa ukuran untuk kita memeriksa sejauh mana kita telah menjadi anak-anak Cahaya. Ini adalah: Kasih sayang rohani dalam 1 Korintus 13; sembilan buah Roh Kudus dalam Galatia 5; Kerahmatan dalam Matius 5, dan buah Cahaya dalam Efesus 5. Sekarang, mari kita bincangkan dengan teliti kelayakan untuk masuk ke ruangan cahaya, dengan fokus terhadap buah Cahaya.

Mengamalkan Kebaikan dengan Hati Roh

Efesus 5:9 berfirman, "...kerana terang hanya berbuahkan kebaikan dan keadilan dan kebenaran."

Kebaikan bermakna mempunyai hati yang tiada kejahatan tetapi hanya sifat kebaikan. Anda membuat kebaikan kepada orang yang memerlukan; anda bukan sahaja tidak mengapa-apakan orang lain; dan anda mematuhi Firman Tuhan dan melakukan yang terbaik dalam apa jua kerja yang diberikan, kerana anda tahu tentang Tuhan Pencipta, seperti kita mengerti tentang kasih kurnia ibu bapa kita.

Dalam dunia, orang yang dianggap baik adalah orang yang tidak membalas kejahatan dengan kejahatan, tetapi bertahan. Tetapi jika anda masih berasa tidak selesa dan membenci dalam minda, bolehkah anda dianggap benar-benar baik? Kebaikan manusia dan kebaikan Tuhan adalah amat berbeza. Tahap pertama kebaikan yang diakui Tuhan adalah tidak membalas kejahatan dengan kejahatan tetapi tanpa perasaan tidak senang.

Inilah yang berlaku terhadap Yusuf, suami Maria Perawan. Matius 1:19 berfirman, "Kerana Yusuf suaminya, seorang yang tulus hati dan tidak mahu mencemarkan nama isterinya di khalayak umum, merancang menceraikannya dengan diam-diam.." Betapa sedihnya Yusuf apabila dia mendapati tunangnya Maria mengandung walaupun tidak tidur dengannya? Lazimnya, seseorang akan menderita dalam hati atau akan bergaduh, Tetapi Yusuf tidak mempunyai kejahatan dalam hatinya, dan dia hanya mahu meninggalkan Maria secara senyap-senyap.

Tahap kebaikan kedua adalah, apabila seseorang berbuat jahat terhadap kita, kita bukan sahaja tidak mempunyai perasaan tidak selesa, tetapi kita mampu menggerakkan hatinya dengan kata-kata yang baik dan amalan yang baik. Musuh iaitu iblis dan Syaitan tidak dapat melakukan apa-apa dengan orang yang telah mencapai tahap kebaikan ini.

Walaupun tidak bersalah, Daud dikejar oleh Raja Saul untuk jangka masa yang lama dan pada suatu hari, dia mendapat peluang untuk membunuh Saul. Daud telah pergi berperang dan menang untuk negaranya, tetapi Saul tidak pernah mengucapkan terima kasih, malah berasa cemburu dengannya. Dia mengejar Daud dengan askar dan cuba membunuhnya.

Suatu hari, Saul masuk ke dalam gua di mana Daud bersembunyi. Daud berpeluang membunuhnya, tetapi dia cuma memotong hujung jubah Saul. Kemudian, selepas Saul keluar daripada gua, dia menjerit kepada Saul dan berkata, "Sekarang, bapaku, lihat! Lihatlah kiranya hujung jubahmu dalam tanganku ini! Sebab dari kenyataan bahwa aku memotong hujung jubahmu dengan tidak membunuh engkau, dapatlah kau ketahui dan kau lihat, bahwa tanganku bersih dari pada kejahatan dan pengkhianatan, dan bahwa aku tidak berbuat dosa terhadap engkau, walaupun engkau ini menghambat aku untuk mencabut nyawaku" (1 Samuel 24:11).

Daud memanggil Saul, yang mengejarnya untuk membunuhnya. Dia berkata 'bapaku' dan dia merendahkan dirinya. Dia mahu memujuk hati Saul dengan menyatakan bahawa dia seperti anjing dan kutu, dan dia tidak mempunyai niat untuk membunuh Saul. Saul memang jahat, tetapi apabila mendengar pengakuan yang datang daripada kebaikan ini, dia berasa terkesan dan mengalirkan air mata. Di dalam 1 Samuel 24:16-17 tertulis, "'Suaramu kah itu, ya anakku Daud?' Sesudah itu dengan suara nyaring menangis lah

Saul. Katanya kepada Daud: „Engkau lebih benar dari pada aku, sebab engkau telah melakukan yang baik kepadaku, padahal aku melakukan yang jahat kepadamu.

Dia amat tersentuh dan terus pulang ke rumah. Jika kita tidak membalas kejahatan dengan kejahatan, malah melakukan kebaikan, Syaitan tidak dapat bekerja dan orang yang jahat pun akan tersentuh. Tentulah, Saul amat jahat dan kejahatannya keluar lagi selepas itu, tetapi sekurang-kurangnya pada saat itu kegelapan dihalau oleh cahaya kebaikan Daud dan Saul berpaling.

Namun, ada tahap kebaikan yang lebih tinggi daripada menggerakkan hati orang lain. Ini adalah mengasihi musuh dan menyerahkan nyawa walaupun untuk orang yang berbuat jahat terhadap kita. Ini adalah kebaikan Tuhan apabila Dia menghantar satu-satunya AnakNya, dan ini adalah kebaikan Yesus Kristus. Dia adalah Anak Suci Tuhan, namun Dia menyerahkan nyawanya untuk semua manusia.

Kita dapat rasakan tahap kebaikan ini melalui Musa dan Paulus juga. Apabila Tuhan mahu memusnahkan semua orang Israel disebabkan dosa, Musa berdoa supaya mereka diselamatkan walaupun namanya sendiri dipadam daripada buku kehidupan (Keluaran 32:32). Hawari Paulus berkata, "Bahkan, aku mahu terkutuk dan terpisah dari Kristus demi saudara-saudaraku, kaum sebangsa aku secara jasmani." (Roma 9:3).

Stefanus syahid kerana direjam semasa menyebarkan ajaran. Dia tidak mempunyai sebarang kebencian walaupun dia direjam tanpa kesalahan. (Kisah Para Rasul 7:60)

Hari ini, kita fikir kita akan rugi atau dianggap bodoh jika kita jujur atau baik hati. Tetapi Tuhan adalah kebaikan itu sendiri, dan Dia melindungi kita dengan mataNya yang menyala, dinding api

Roh Kudus, dan hos syurga serta malaikat apabila kita menurut kebaikan. Oleh itu, ujian dan cabaran akan pergi, dan apabila ia tiba, kita akan lulus dengan kebaikan. Ini membawakan kita rahmat yang besar dan kemakmuran dalam semua perkara.

Kadang kala kita perlu mengorbankan diri dan mengembangkan usaha untuk berbuat kebaikan. Tetapi manusia yang baik tidak menganggap perkara begini susah. Mereka rasa gembira kerana dapat mengamalkan kebaikan. Kekuatan rohani bermakna tiada dosa, dan cahaya rohani kita bertambah kuat sejauh mana kita menyingkirkan dosa dan menggemburkan kebaikan. Apabila kita masuk ke tahap kebaikan yang diakui Tuhan, kejahatan tidak dapat menyentuh kita disebabkan cahaya kita, dan kita akan dapat memusnahkan rancangan musuh, iblis dan Syaitan (1 Yohanes 5:18).

Memiliki Buah Kebenaran dengan Keimanan

Buah Cahaya yang kedua adalah kebenaran. Secara umumnya, kebenaran bermakna bekerja untuk tujuan yang benar dengan hidup seseorang, tanpa mencari manfaat diri sendiri. Tetapi kebenaran dalam benar bermakna menyingkirkan semua dosa, mematuhi hukum Alkitab, mencari kerajaan Tuhan dan kebenaranNya berdasarkan kehendakNya. Daniel adalah contoh terbaik bagi seseorang yang mempunyai kebenaran yang hebat.

Daniel berasal daripada keluarga diraja dari puak Judah. Dia ditangkap pada tahun 605 SM semasa kerajaan selatan Judah diserang oleh Raja Nebuchadnezzar dari Babylon. Semasa Babylon merekrut anak muda berbakat daripada bangsa lain, Daniel dipilih bersama tiga orang kawannya dan dia bekerja sebagai pegawai tinggi di Babylon buat jangka masa yang lama. Walaupun dia seorang tawanan, dia mempunyai kedudukan yang tinggi di Babylon dan dia juga dikenali sebagai nabi utusan Tuhan yang benar. Ini kerana dia bergantung kepada Tuhan sepenuhnya dan mengekalkan keimanannya.

Semasa dia pertama kali berhadapan dengan raja Babylon, dia masih seorang anak muda. Dia perlu dilatih selama tiga tahun dan diberi makanan yang dipilih oleh raja. Namun, dia risau yang makanan pilihan ini mungkin akan termasuk makanan yang dilarang oleh Tuhan, dan itu sebabnya dia tidak mengambilnya. Dia sebagai tawanan tidak mempunyai pilihan, tetapi dia masih membenci dan menolak apa yang Tuhan benci.

Untuk mengekalkan keimanan kepada Tuhan dan tidak mengotorkan diri sendiri, dia meminta kepada ketua di sini agar membenarkan dia dan tiga orang kawannya untuk makan sayur sahaja dan bukannya makanan pilihan raja. Dia mencadangkan agar dia mengambil hanya sayur-sayuran dan air selama 10 hari sebagai percubaan. Apabila ketua membandingkan dia dengan anak-anak muda lain selepas 10 hari, dia dapat lihat bahawa Daniel dan kawan-kawannya kelihatan lebih baik berbanding yang lain.

Tuhan melihat keimanan mereka dan memberikan mereka rahmat yang menakjubkan. Daniel 1:17 berfirman, "Kepada keempat orang muda itu Tuhan memberikan pengetahuan dan kepandaian tentang berbagai-bagai tulisan dan hikmat, sedang Daniel juga mempunyai pengertian tentang berbagai-bagai penglihatan dan mimpi.." Ayat 20 berfirman, "Dalam tiap-tiap hal yang memerlukan kebijaksanaan dan pengertian, yang ditanyakan raja kepada mereka, didapatinya bahawa mereka sepuluh kali lebih cerdas dari pada semua orang berilmu dan semua ahli jampi di seluruh kerajaannya."

Babylon dimusnahkan oleh Media dan Persia pada tahun

539 SM semasa pemerintahan Raja Belshazzar, anak lelaki Raja Nebuchadnezzar. Sebuah negara baru, Empayar Persia, menggantikan Babylon. Raja Darius dari Persia mahu melantik Daniel sebagai menteri yang menguruskan negara kerana Daniel memiliki semangat yang luar biasa. Daniel adalah seorang tawanan, tetapi walaupun negara dan raja berubah, dia masih lagi menjadi pilihan.

Menteri dan pemimpin lain mencemburuinya dan cuba mencari jalan untuk menuduhnya (Daniel 6:4-5). Tetapi mereka tidak dapat mencari kesalahannya, dan mencadangkan satu ordinan kepada raja. Dengan berpura-pura memberi sokongan kepada raja, mereka berkata bahawa mereka akan meletakkan sesiapa sahaja ke dalam kandang singa jika mereka menyembah mana-mana Tuhan atau manusia selain raja, selama 30 hari. Ini satu perangkap khas untuk Daniel kerana mereka mengetahui bahawa dia berdoa tiga kali sehari menghadap Yerusalem dengan tingkap terbuka.

Mengetahui situasi ini, Daniel masih berdoa tiga kali sehari sambil berlutut (Daniel 6:10). Dia boleh sahaja berkompromi untuk mengekalkan kemasyhuran dan kuasanya atau untuk mengelakkan maut, tetapi dia bergantung kepada Tuhan sepenuhnya. Dia akhirnya dihumban ke dalam kandang singa kerana melanggar peraturan ini, tetapi dia tidak mempunyai apa-apa kebencian terhadap raja. Dia malah merahmati raja dengan berkata, "Wahai raja, hiduplah selama-lamanya!" Dia mengamalkan kebenaran tidak kira betapa sukarnya sesuatu situasi.

Dia tidak pernah berbuat salah kepada Tuhan dan manusia, dan atas sebab ini musuh iaitu iblis dan Syaitan tidak dapat mengapa-apakannya walau dengan apa jua cara. Tuhan menghantarkan malaikat untuk melindunginya. Dia keluar daripada kandang hidup-hidup dan memberikan keagungan kepada Tuhan. Kebenaran yang

Tuhan inginkan dalam diri kita adalah mengekalkan keimanan dan jangan berkompromi walaupun jika berdepan maut dan untuk mengikuti kebaikan dalam kebenaran tidak kira bagaimana orang lain melayan kita.

Mempunyai Buah Kejujuran dengan Amalan

Buah Cahaya yang ketiga adalah kejujuran. Kejujuran bermakna tidak berubah. Ia juga kesucian, kejujuran dan tidak bersalah tanpa mempunyai apa-apa kesalahan, kelicikan atau kejahatan. Walaupun anda melakukan amalan baik secara berterusan dan mengakui keimanan, ia tidak diakui sebagai buah sebenar Cahaya oleh Tuhan selagi anda melakukannya untuk menunjuk-nunjuk kepada orang lain. Dalam kata lain, apa yang Tuhan mahukan daripada kita adalah pengakuan benar keimanan, amalan yang benar dan kejujuran yang tidak berubah yang datang dari hati.

Dalam Kejadian 22, kita lihat Ibrahim mematuhi Firman Tuhan apabila Tuhan memintanya mengorbankan satu-satunya anak lelakinya Ishak sebagai korban bakar. Awal pagi lagi dia dan Ishak telah keluar untuk pergi ke tempat yang telah ditetapkan oleh Tuhan. Dia langsung tidak ragu-ragu. Dia tiada konflik dalam mindanya disebabkan fikiran sendiri. Pada saat dia hampir memberikan Ishak sebagai korban bakar, malaikat Tuhan muncul dan menyuruhnya supaya jangan menyentuh budak itu. Tuhan berfirman, "...sebab telah Ku ketahui sekarang, bahwa engkau takut akan Tuhan" (Kejadian 22:12).

Ibrani 11:19 berfirman, "Karena ia berfikir, bahawa Tuhan berkuasa membangkitkan orang-orang sekalipun dari antara orang mati. Dan dari sana ia seakan-akan telah menerimanya kembali." Ibrahim mendapat anaknya Ishak dengan kuasa Tuhan melalui

Sarah, yang telah begitu tua untuk mengandung dan mendapatkan anak. Jadi, dia percaya yang Tuhan akan menghidupkan semula Ishak selepas dia diserahkan sebagai korban bakar. Kita dapat lihat kepercayaan yang teguh antara Tuhan dan Ibrahim melalui kejadian ini.

Ada banyak lagi kejadian di mana kita dapat melihat kejujuran Ibrahim. Semasa dia tiba di Betel dengan anak saudaranya Lut, jumlah kawanan haiwan amat banyak sehingga para gembala mereka sering bertengkar. Di sini, Ibrahim beralah kepada anak saudaranya dengan berkata, "Bukankah seluruh negeri ini terbuka untuk engkau? Baiklah pisahkan dirimu dari padaku; jika engkau ke kiri, maka aku ke kanan, jika engkau ke kanan, maka aku ke kiri" (Kejadian 13:9-9).

Lut pergi ke tanah Jordan yang mempunyai banyak air, dengan mementingkan dirinya, dan tiba di Sodom. Bandar Sodom telah diserang dan ramai orang menjadi tawanan. Apabila mendengarkan hal ini, Ibrahim membawa askarnya dan membawa Lut dan orang-orang Sodom pulang. Raja Sodom menawarkan harta kepadanya, tetapi dia menolak semuanya (Kejadian 14:15-23).

Apabila Sodom dan Gomorrah dimusnahkan oleh api dari syurga, Lut dan dua orang anak perempuannya diselamatkan disebabkan doa Ibrahim (Kejadian 18). Semasa Ibrahim membeli tanah kubur bagi isterinya Sarah, orang Hitti menawarkan tanah mereka dan gua Machpelah kepadanya, tetapi dia membelinya dengan harga yang berpatutan (Kejadian 23:16). Dia mempunyai ramai anak daripada isteri keduanya, dan semasa masih hidup dia memberikan setiap seorang daripada mereka hadiah supaya mereka tidak mempunyai konflik kelak. Daripada hal ini kita dapat lihat kejujuran yang dimiliki Ibrahim.

Yakobus 2:23-24 berfirman, "...demikian genaplah nas yang menyatakan: „Lalu percayalah Ibrahim kepada Tuhan, maka Tuhan memperhitungkan hal itu kepadanya sebagai kebenaran dan Ibrahim dipanggil sahabat Tuhan. Jadi kamu lihat, bahawa manusia dibenarkan kerana perbuatan-perbuatannya dan bukan hanya kerana iman." Tuhan adalah kejujuran itu sendiri, dan Tuhan merahmati Ibrahim atas amalan keimanannya. Ibrahim tinggal berdekatan arasy Tuhan di ruangan paling terang, kerana dia adalah kawan Tuhan.

Buah Cahaya Membawa Kita ke Ruangan Cahaya

Untuk amalan baik dilihat sebagai buah Cahaya, ia mesti mengandungi kebenaran, iaitu kebenaran Tuhan. Tetapi mempunyai kebaikan dan kebenaran sahaja tidak cukup. Kejujuran juga perlu ada di dalamnya. Jadi, kita dapat memiliki buah Cahaya hanya apabila kita mempunyai semua kebaikan, kebenaran dan kejujuran.

Untuk kita mendapatkan buah Cahaya sepenuhnya, kita perlu melalui proses keluar daripada kegelapan dan masuk ke dalam cahaya, melalui bantahan. Tertulis di dalam Efesus 5:11-13 KJV, "Janganlah turut mengambil bahagian dalam perbuatan-perbuatan kegelapan yang tidak berbuahkan apa-apa, tetapi sebaliknya telanjangi lah perbuatan-perbuatan itu.. Sebab hal-hal yang mereka lakukan dengan sembunyi-sembunyi itu, untuk dibicarakan pun sudah memalukan. Tetapi segala sesuatu yang sudah ditelanjangi oleh terang itu menjadi nampak, sebab semua yang nampak adalah terang.."

Di sini, bantahan bukan hanya bermakna membantah perkara yang salah. Ini adalah cara pembetulan supaya seseorang keluar daripada kegelapan dan masuk ke dalam cahaya. Kadang kala, apabila ahli gereja berada dalam keadaan sukar disebabkan dosa mereka, saya tidak membuatkan mereka berasa lebih tenang tetapi saya membuatkan mereka faham mengapa mereka berdepan dengan ujian atau cabaran. Saya memberi teguran kerana mereka tidak hidup dalam kebenaran. Walaupun tiada sesiapa yang memberi teguran kepada kita, penting untuk kita mengingatkan diri sendiri menurut Firman Tuhan apabila kita telah melakukan sesuatu kesalahan.

Apabila Tuhan menyerlahkan dan menunjukkan setiap dosa dan kegelapan, ini kerana Dia mengasihi kita. Tuhan kasih sayang mahukan anak-anakNya untuk hidup dalam cahaya Tuhan yang sempurna supaya mereka menerima rahmat di dunia dan kemudian akan hidup dalam ruangan cahaya yang lebih terang di kerajaan Syurga yang abadi, pada masa akan datang. Sebab itu, kita perlu menyingkirkan apa sahaja yang termasuk dalam kegelapan dan menggemburkan kesucian dan kesempurnaan supaya kita dapat menyerupai Tuhan yang merupakan Cahaya (Matius 5:48; 1 Petrus 1:16).

Sejak dia bertemu Yesus semasa dalam perjalanan ke Damaskus, hawari Paulus membuatkan dirinya sendiri patuh kepada Kristus dengan menyebarkan ajaran kepada ramai orang bukan Yahudi. Dia berkata, "Saudara-saudara, tiap-tiap hari aku berhadapan dengan maut. Demi kebanggaan aku akan kamu dalam Kristus Yesus, Tuhan kita, aku katakan, bahwa hal ini benar." (1 Korintus 15:31).

Jika kita menyingkirkan fikiran badaniah yang kejam terhadap Tuhan dan mati dalam Yesus setiap hari, dan hanya mempunyai fikiran rohani seperti "Bagaimanakah saya dapat mencapai kerajaan Tuhan dan kebenaranNya? Bagaimana saya dapat menyucikan hati dengan sepenuhnya? Bagaimana saya dapat membawa lebih ramai jiwa ke Syurga?" Itulah masanya kita dapat menikmati keamanan sebenar dan mempunyai buah Cahaya dengan melimpah-ruah.

Buah Cahaya bukan hanya tentang kebaikan, kebenaran dan kejujuran, tetapi ia berkenaan semua jenis buah yang kita ada dengan mempunyai hubungan dengan Tuhan dan mempunyai hati Yesus Kristus, yang termasuklah kasih sayang rohani, buah Kerahmatan, dan buah Roh Kudus. Semua buah ini mesti ada sepenuhnya dalam diri kita sebelum kita dapat masuk ke Baitulmuqaddis Baru. Jika ada buah yang masak ranum dan ada yang tidak, kita tidak akan mempunyai kelayakan untuk masuk ke Baitulmuqaddis Baru. Saya harap anda semua mengamalkan Firman Tuhan dengan tekun dan mempunyai kelayakan untuk masuk ke dalam ruangan cahaya paling terang.

Roh, Jiwa dan Jasad dalam Ruangan Rohani

Kriteria Pengelasan Tempat Tinggal di Syurga

Keagungan yang Diberikan dalam Ruangan Rohani

"Sesungguhnya aku menyatakan kepadamu suatu rahasia: kita tidak akan mati semuanya, tetapi kita semuanya akan diubah, dalam sekelip mata, pada waktu bunyi nafiri yang terakhir. Sebab nafiri akan berbunyi dan orang-orang mati akan dibangkitkan dalam keadaan yang tidak dapat binasa dan kita semua akan diubah. Kerana yang dapat binasa ini harus mengenakan yang tidak dapat binasa, dan yang dapat mati ini harus mengenakan yang tidak dapat mati." (1 Korintus 15:51-53).

Bab 1

Tempat Tinggal Berbeza

Tempat tinggal di syurga yang akan kita terima adalah berbeza
bergantung kepada sejauh mana kita menyerupai Tuhan
dan hidup berdasarkan kehendakNya.
Kerajaan syurga mempunyai banyak tempat tinggal berbeza.
Lebih baik tempat tinggal seseorang,
lebih besar keagungan dan kegembiraan yang didapatinya.

Syurga Mempunyai Banyak Tempat Tinggal

Syurga Mengalami Keganasan

Mengapa Tempat Tinggal Di Syurga Dibezakan

Firdaus, Tempat Tinggal Untuk Orang Yang Mendapat Penyelamatan Sipi-Sipi

Baitulmuqaddis Baru, Tempat Tinggal Manusia Roh Terasuh

Manusia mempunyai kecenderungan untuk mempercayai sesuatu hanya jika mereka dapat melihat dan memeriksanya dengan mata sendiri. Tetapi ada banyak perkara yang manusia tidak dapat periksa dengan mata mereka. Contohnya, angin dan haruman bunga tidak dapat dilihat tetapi ia wujud. Ada juga dunia rohani yang berada di dimensi pada tahap lebih tinggi berbanding dunia fizikal yang nyata. Kita tidak boleh menidakkan dunia rohani hanya kerana ia tidak nampak pada pandangan kasar.

Dalam dunia rohani yang luas, kerajaan syurga terletak di kerajaan ketiga. Kerajaan ketiga syurga adalah ruangan cahaya tanpa batasan dan mempunyai beberapa tempat tinggal daripada Firdaus ke Baitulmuqaddis Baru. Tempat tinggal syurgawi yang diberikan kepada setiap orang yang diselamatkan berbeza menurut sejauh mana setiap orang mencapai kesucian dan hidup berdasarkan kehendak Tuhan dalam keimanan. Dan menurut sejauh mana kita menjadi jenis manusia yang Tuhan mahukan dalam hidup ini, kita akan menerima keagungan yang berbeza sebagai manusia yang tergolong dalam Syurga.

Itulah sebabnya 1 Korintus 15:40-41 menyatakan, "Ada tubuh syurgawi dan ada tubuh duniawi, tetapi kemuliaan tubuh syurgawi lain dari pada kemuliaan tubuh duniawi. Keindahan matahari lain daripada keindahan bulan. Bintang-bintang pun mempunyai keindahannya sendiri. Malah bintang-bintang itu masing-masing berlainan pula keindahannya."

Keagungan Individu di Syurga

Salah satu daripada sifat alami Tuhan adalah kesucian. Alkitab sering menulis tentang kesucian kerana Tuhan mahukan manusia yang diciptakan berdasarkan imej Tuhan untuk mendapatkan kesucian Tuhan. Imamat 20:26 menyatakan, "Kuduslah kamu bagiKu, sebab Aku ini, TUHAN, kudus dan Aku telah memisahkan kamu dari bangsa-bangsa lain, supaya kamu menjadi milikKu." 1 Petrus 1:16 menyatakan, "...sebab ada tertulis: Kuduslah kamu, sebab Aku kudus.'"

Oleh itu, orang yang hidup berdasarkan kehendak Tuhan adalah orang yang termasuk dalam syurga. Mereka akan mendapat keagungan syurgawi dalam kerajaan syurga. Sebaliknya, orang yang hidup dalam dosa dan kejahatan, yang menentang kehendak Tuhan, adalah orang yang termasuk dalam go longan dunia, dan seterusnya, mereka akan masuk ke Neraka.

Orang yang termasuk dalam golongan dunia bukanlah hanya orang yang tidak menerima Yesus Kristus dan tidak percaya dengan Tuhan. Dalam Matius 7:21 menyatakan, "Bukan setiap orang yang berseru kepadaKu: Tuhan, Tuhan! akan masuk ke dalam Kerajaan Syurga, melainkan dia yang melakukan kehendak BapaKu yang di syurga." Walaupun jika mereka menyatakan, 'Tuhan, Tuhan,' dan menyatakan yang mereka mempercayaiNya, mereka masih dalam kalangan manusia dunia kerana mereka tidak mengamalkan kehendak Tuhan.

Apa yang perlu kita lakukan untuk masuk ke kerajaan syurga dan menikmati keagungan matahari seperti seorang manusia yang tergolong dalam syurga? Dalam Ibrani 12:4 kita dapati dalam kehidupan di dunia, kita perlu menentang dan menyingkirkan semua dosa ,sehingga ke tahap menumpahkan darah'. Selain itu, dalam 1 Tesalonika 5:22 ia menyatakan bahawa kita perlu mencapai kesucian dengan menyingkirkan semua bentuk kejahatan dan dipenuhi Roh. Sama seperti cahaya matahari, cahaya bulan, dan sinaran bintang semuanya berbeza, keagungan manusia yang tergolong dalam syurga juga berbeza.

Yesaya 60:1 menyatakan, "Bangkitlah, menjadi teranglah, sebab terangmu datang, dan kemuliaan TUHAN terbit atasmu." Setelah kita menerima Yesus Kristus yang datang sebagai Cahaya dunia, kita akan mengeluarkan cahaya rohani sejauh mana kita beramal dengan Firman Tuhan. Sebagai manusia yang masuk ke syurga, kita perlu memberikan cahaya seterang matahari pada waktu tengah hari supaya kita dapat menghalau kuasa kegelapan, memimpin jiwa ke jalan penyelamatan, dan mengagungkan Tuhan.

Syurga Mempunyai Banyak Tempat Tinggal

Yesus mengadakan makan malam Paskah dengan hawariNya di bilik atas rumah Markus sejurus sebelum kematianNya. Semasa Makan Malam Terakhir, Dia mengingatkan mereka tentang kewujudan kerajaan syurga supaya mereka akan mempunyai harapan untuk syurga.

Yesus berkata dalam Yohanes 14:2-3, "Di rumah Bapa-Ku banyak tempat tinggal. Jika tidak demikian, tentu Aku mengatakannya kepadamu. Sebab Aku pergi ke situ untuk menyediakan tempat bagimu. Jika Aku pergi dan menyediakan tempat untuk kamu, Aku akan kembali dan menerima kamu kepada diriKu, di mana Aku berada, di sana ada kamu juga."

Yesus dibangkitkan pada hari ketiga selepas Dia disalib dan naik ke Syurga di hadapan ramai orang. Dia pergi untuk menyediakan tempat tinggal di Syurga, di mana anak-anak Tuhan akan tinggal selama-lamanya. Apabila Dia menyatakan, "Di rumah Bapa-Ku banyak tempat tinggal," Dia menunjukkan keinginan supaya semua manusia dapat diselamatkan (1 Timotius 2:4).

Syurga adalah ruangan rohani yang dicipta sebelum Tuhan Trinitas menciptakan dunia lagi. Ia adalah ruangan tanpa had yang mana kedalaman, kelebaran dan kepadatan serta isipadunya tidak dapat diukur dengan fikiran manusia. Ia menempatkan arasy Tuhan, banyak makhluk rohani, dan rumah anak-anak Tuhan di mana mereka akan tinggal selama-lamanya. Di tengah-tengah kerajaan syurga adalah Baitulmuqaddis Baru, yang merupakan tempat tinggal paling hebat di Syurga.

Cahaya rohani yang mengalir daripada arasy Tuhan dan sungai air kehidupan menjadikan anak-anak Tuhan lebih gembira dan bangga. Tuhan memberikan setiap seorang daripada kita tempat tinggal dan ganjaran yang sesuai bergantung kepada jenis keimanan yang kita ada dan bagaimana kita memberikan keagungan kepada Tuhan di dunia ini.

Bandar Baitulmuqaddis Baru terletak di pusat syurga ketiga, dan 'di bawah' Baitulmuqaddis Baru adalah Kerajaan Ketiga, Kedua dan Pertama, serta Firdaus. Namun ini tidak bermakna yang ia berlapis-lapis seperti bangunan di dunia, yang berada di atas satu sama lain. Semua tempat tinggal di Syurga adalah mendatar, namun menegak dengan ketinggian yang berbeza.

Syurga Mengalami Keganasan

Matius 11:12 menyatakan, "Sejak tampilnya Yohanes Pembaptis hingga sekarang, Kerajaan Syurga diserong dan orang yang menyerongnya mencuba menguasainya." Syurga adalah tempat yang indah dan aman, dan mengapa dikatakan bahawa ia dizalimi, dan orang yang zalim merampasnya?

Ini bermakna orang yang mempunyai harapan besar terhadap kerajaan syurga akan menjalani kehidupan yang teratur dalam keimanan dan cuba masuk ke dalam bandar Baitulmuqaddis Baru. Kehidupan yang teratur ini dirujuk dengan ekspresi 'orang yang menyerongnya mencuba menguasainya.'

Sekarang, mengapa mereka perlu bersifat kejam? Mereka kejam terhadap musuh iblis dan Syaitan yang menghasut manusia untuk melakukan dosa. Untuk masuk ke Syurga, kita perlu melawan kegelapan dan mengatasinya. Untuk menyebabkan manusia jatuh, musuh iaitu iblis dan Syaitan merangsang sifat dosa dalam manusia untuk melakukan dosa. Di sini, orang yang benar-benar mengharapkan kerajaan syurga akan mengatasi rangsangan ini dengan Firman Tuhan.

Kita boleh merampas bandar Baitulmuqaddis Baru sejauh mana kita menjadi anak-anak suci Tuhan dengan menggunakan Firman Tuhan dan doa (1 Timotius 4:5). Dari 2 Korintus 12:1 dan seterusnya, kita lihat hawari Paulus masuk ke Firdaus, yang berada di syurga ketiga, dan belajar banyak rahsia hebat berkenaan kerajaan syurga. Sejak itu dia terus berjuang dalam perjuangan ini sehingga dia menjadi syahid. Dia merampas bandar Baitulmuqaddis Baru, dan mengharapkan mahkota kebenaran yang Tuhan sediakan untuknya.

Wahyu 19:7-8 menyatakan, "Marilah kita bersukacita dan bersorak-sorai, dan memuliakan Dia! Karena hari perkahwinan Anak Domba telah tiba, dan pengantinNya telah siap sedia. Dan kepadanya dikurniakan supaya memakai kain lenan halus yang berkilau-kilauan dan yang putih bersih!" (Lenan halus itu adalah perbuatan-perbuatan yang benar dari orang-orang kudus.)," dan

Wahyu 22:14 juga menyatakan, "Berbahagialah mereka yang membasuh jubahnya. Mereka akan memperoleh hak atas pohon-pohon kehidupan dan masuk melalui pintu-pintu gerbang ke dalam kota itu."

Di sini, 'jubah' dan 'linen halus' merujuk kepada hati dan amalan manusia. Kita dapat melalui pagar dan masuk ke bandar suci hanya apabila kita menyucikan hati dan amalan. Di sini dikatakan 'pagar-pagar', dan kita dapat tahu bahwa ada banyak pintu masuk. Untuk masuk ke Baitulmuqaddis Baru, pertama sekali kita perlu melalui pagar penyelamatan dan mendapatkan kelayakan untuk masuk ke Firdaus. Kemudian, kita perlu melepasi pagar Kerajaan Pertama, Kedua dan Ketiga Syurga. Akhir sekali, kita perlu melepasi Pagar Mutiara Baitulmuqaddis Baru.

Itu sebabnya dikatakan 'pagar-pagar', dan kita dapat belajar daripada ayat ini bahawa bukan semua orang yang diselamatkan akan mendapat keagungan yang sama di Syurga. Ini adalah sesuatu yang kita patut syukuri kerana kita mengetahui tentang kerajaan syurga dan cuba untuk merampas tempat tinggal yang lebih baik.

Mengapa Tempat Tinggal Di Syurga Dibezakan

Orang yang menerima Yesus Kristus, tetapi tidak menyunatkan hati mereka dan tidak menyingkirkan kejahatan, mempunyai cahaya rohani yang amat malap. Tetapi orang yang menyingkirkan semua jenis kejahatan dan menjadi suci mempunyai cahaya rohani yang kuat. Seperti yang dinyatakan sebelum ini, setiap penganut mempunyai sinaran cahaya rohani yang berbeza. Lebih ramai penganut yang mengamalkan Firman Tuhan dan menyingkirkan dosa, lebih cerah dan indah cahaya yang keluar daripada mereka. Orang yang benar-benar disucikan mempunyai cahaya yang amat terang sehingga orang yang tiada cahaya begini tidak dapat memandang mereka secara langsung.

Jika kita berfikir dengan akal budi manusia sahaja, kita akan mudah faham bahawa sukar untuk orang yang mempunyai cahaya rohani yang kuat dan orang yang mempunyai cahaya rohani yang lemah untuk hidup bersama-sama. Di dunia ini pun, lebih mudah bagi kanak-kanak untuk bergaul dengan kanak-kanak, remaja dengan remaja, dan orang dewasa sesama sendiri. Kanak-kanak dan orang dewasa tidak mudah untuk berkawan kerana dunia mereka berbeza, kadar kecerdikan dan cara pemikiran mereka juga amat berbeza.

Sama juga, orang yang mempunyai sinaran cahaya yang sama terang akan duduk di tempat yang sama. Bagaimana jika semua orang tinggal dalam satu ruangan yang sama di kerajaan syurga yang abadi? Orang yang disucikan akan saling memahami hati masing-masing dan mereka tidak akan ada kesukaran langsung. Namun orang yang tidak disucikan tidak akan memahami mereka. Atas sebab ini, Tuhan membahagikan tempat tinggal berbeza supaya orang yang mempunyai kadar cahaya rohani yang sama dapat hidup bersama dengan selesa.

Wahyu 21:23 menyatakan, "Dan kota itu tidak memerlukan matahari dan bulan untuk menyinarinya, sebab kemuliaan Tuhan meneranginya dan Anak Domba itu adalah lampunya." Di antara beberapa tempat tinggal di syurga, bandar Baitulmuqaddis Baru adalah kristaloid penggemburan manusia yang Tuhan telah rancangkan. Ia adalah tempat di mana Tuhan dapat berkongsi kasih sayang dengan anak-anakNya selama-lamanya. Tuhan telah menyediakan Kerajaan Ketiga, Kedua dan Pertama Syurga, serta Firdaus untuk orang yang tidak menggemburkan hati kebenaran secara sepenuhnya dan tidak layak untuk masuk ke Baitulmuqaddis Baru.

Mari kita lihat sedikit ciri setiap tempat tinggal, dari Firdaus hingga ke bandar Baitulmuqaddis Baru. Kita juga akan melihat jenis manusia yang akan pergi ke setiap tempat tinggal.

Firdaus, Tempat Tinggal Untuk Orang Yang Mendapat Penyelamatan Sipi-Sipi

Tuhan menghantar Yesus ke dunia untuk kita yang akan pergi ke jalan kematian disebabkan dosa. Yesus menebus kita semua daripada dosa melalui penyalibanNya. Jika kita percaya bahawa Dia satu-satunya jalan menuju penyelamatan dan menerimaNya sebagai Penyelamat peribadi anda, Tuhan memberikan kita hadiah Roh Kudus. Apabila kita telah mendapat Roh Kudus, roh kita yang mati disebabkan dosa Adam akan dibangkitkan, dan kita mendapat hak untuk memanggil Tuhan sebagai 'Bapa'. Ini bermakna kita menjadi anak Tuhan, nama kita akan dicatat dalam Buku Kehidupan, dan kita akan mendapat kerakyatan kerajaan syurga.

Tetapi selepas roh kita yang mati dibangkitkan, roh ini tidak akan berkembang jika kita tidak mengamalkan Firman Tuhan dan menyingkirkan dosa. Roh kita berkembang setakat mana kita menyingkirkan dosa. Kita dapat masuk ke Baitulmuqaddis Baru hanya apabila kita telah benar-benar mendapatkan semula imej Tuhan yang hilang, dengan membuatkan roh kita berkembang sepenuhnya. Jika roh kita tidak membesar dan jika kita menerima penyelamatan sipi-sipi kerana mempunyai keimanan sebesar biji sawi, kita akan masuk ke Firdaus. Dari segi tahap keimanan pertama, keimanan jenis ini adalah pada tahap pertama. Tahap keimanan yang pertama adalah tahap kita menerima penyelamatan yang memalukan.

Firdaus adalah tempat yang diciptakan dengan kasih sayang

dan belas ihsan Tuhan. Tuhan telah menyediakan tempat ini untuk orang yang diselamatkan tetapi tidak layak digelar anak-anak Tuhan. Agak memalukan untuk menggelar mereka anak Tuhan, tetapi Tuhan tidak boleh menghantar mereka ke Neraka. Malah, Firdaus akan memuatkan hampir keseluruhan penganut berbandingtempat tinggal yang lain. Tempat ini lebih luas daripada alam semesta syurga pertama. Manusia di Firdaus akan berasa bersyukur dan hidup bahagia hanya kerana mereka tidak masuk ke Neraka tetapi telah diselamatkan.

Walaupun ia tempat tinggal yang paling rendah di Syurga, tiada tempat di dunia yang mempunyai keindahan dan keagungannya. Di padang rumput yang luas, yang mempunyai gabungan harmoni bunga-bunga dan pokok hijau, pelbagai jenis haiwan berkeliaran dan semuanya kelihatan cantik-cantik belaka.

Di dunia ini, pokok dan bunga akan layu dan mati setelah beberapa lama. Tetapi, pokok di Firdaus sentiasa hijau dan bunganya tidak pernah layu. Apabila didekati manusia, bunga akan bergoyang-goyang atau membuka dan menutup kelopak ambil mengeluarkan bau harum, seolah-olah mengalu-alukan manusia. Di sini ada banyak jenis buah-buahan. Ia lebih besar berbanding buah-buahan di dunia dan mempunyai sinaran aurora. Kita boleh petik terus daripada pokok kerana tiada habuk atau serangga.

Kita boleh duduk di atas rumput dan berbual dengan kawan-kawan sambil makan. Mereka tidak pernah melakukan apa-apa untuk kerajaan Tuhan semasa masih hidup, jadi mereka tidak menerima apa-apa ganjaran di Syurga. Tetapi mereka sudah cukup gembira kerana di sini tiada kesedihan, penyakit, kesakitan atau kematian. Kadang kala, ada antara mereka yang dijemput ke majlis yang diadakan di Baitulmuqaddis Baru.

Ada perbezaan cahaya yang besar antara orang yang tinggal

di Baitulmuqaddis Baru dan orang yang berada di Firdaus, jadi manusia di Firdaus lazimnya tidak menerima jemputan kerana mereka amat malu untuk pergi. Apabila mereka melawat, mereka perlu mengikut arahan dan masa yang betul. Mereka begitu gembira dapat melawat bandar agung Baitulmuqaddis Baru, dan ini kegembiraan untuk berkongsi apa yang mereka lihat dan alami di Baitulmuqaddis Baru, dengan orang lain di Firdaus.

Walaupun Firdaus merupakan tempat tinggal paling rendah di Syurga, kita jangan memandang enteng tentang keindahan dan kegembiraan di dalamnya. Walaupun ia tempat orang yang diselamatkan dengan malu, ia masih satu tempat yang tidak dapat dibandingkan dengan mana-mana tempat di dunia dari keindahan, dan ia lebih indah berbanding Taman Syurgawi, tempat tinggal Adam.

Kerajaan Pertama Syurga

Kerajaan Pertama Syurga adalah lebih indah dan gembira berbanding Firdaus. Segala-galanya lebih cantik daripada Firdaus. Ini adalah tempat untuk orang yang telah menerima Yesus Kristus, membangkitkan semula roh yang telah mati, cuba mengamalkan Firman Tuhan dalam amalan tetapi tidak mengamalkannya dengan sempurna. Ia adalah untuk orang yang mempunyai tahap keimanan kedua dalam proses perkembangan iman.

Dalam Kerajaan Pertama Syurga, mereka menerima ganjaran dan rumah berdasarkan amalan mereka di dunia. Rumah di Kerajaan Pertama Syurga adalah seperti pangsapuri di dunia. Tetapi ia dibina dengan emas dan batu berharga lain menurut citarasa pemiliknya. Ada lif di dalam bangunan, yang berfungsi menggunakan kuasa Tuhan, dan ia akan membawa anda ke tingkat yang anda fikirkan tanpa perlu menekan butang.

Bagi manusia yang masuk ke Kerajaan Pertama Syurga, sebuah mahkota yang tidak boleh musnah akan diberikan (1 Korintus 9:25). Ia adalah seperti hadiah saguhati. Mereka tahu tentang Firman Tuhan tetapi tidak mengamalkannya di dunia ini. Mereka tahu mereka perlu menghapuskan dosa tetapi tidak membuang banyak dosa yang mereka lakukan. Namun, Tuhan masih mengambil kira usaha mereka untuk membuat amalan Firman Tuhan sebagai keimanan dan memberikan mereka ganjaran yang sewajarnya.

Ada banyak taman yang indah di Kerajaan Pertama Syurga. Terdapat juga banyak kemudahan rekreasi seperti taman besar dengan banyak pokok, taman tema, tasik, denai berjalan kaki, kolam renang, padang golf, gelanggang tenis dsb. Tetapi melainkan tempat tinggal individu tertentu dan mahkota yang diberikan, kesemua yang lain adalah untuk kegunaan awam. Ia sama seperti mempunyai taman atau kemudahan sukan di kompleks pangsapuri untuk kegunaan awam.

Tidak ada malaikat yang bertugas secara peribadi. Namun, manusia boleh mendapat panduan daripada malaikat yang berada di mana-mana sahaja. Ini adalah perbezaan utama daripada Firdaus. Contohnya, semasa berbual di bangku, mereka boleh meminta malaikat untuk mendapatkan sedikit buah-buahan jika mereka mahu makan. Tetapi di Firdaus, mereka terpaksa memetik buah sendiri. Dengan cara ini, ada perbezaan besar dalam gaya hidup antara orang yang berada di Firdaus dengan orang yang berada di Kerajaan Pertama Syurga. Orang yang berada dalam Kerajaan Pertama Syurga tidak akan cemburu dengan orang yang berada di tempat tinggal lebih tinggi. Semua orang merasakan kegembiraan dan kepuasan hati di setiap tempat tinggal.

Kerajaan Kedua Syurga

Kerajaan Kedua Syurga adalah lebih terang dan indah berbanding Kerajaan Pertama syurga. Bangunannya dibina dengan batu berharga yang lebih menakjubkan dan cantik. Jumlah tumbuhan dan haiwan yang pelbagai adalah lebih berbanding dalam Firdaus dan Kerajaan Pertama Syurga. Haiwan dan tumbuhan yang sama jenisnya pun lebih cantik berbanding di Kerajaan Pertama Syurga. Dalam kes haiwan, pembawaan tubuh lebih menawan dan keindahannya lebih nyata, warna bulu dan kulitnya juga lebih terang. Ia sama seperti aroma dan warna bunga.

Kerajaan Kedua Syurga adalah untuk orang yang mengamalkan Firman Tuhan dalam amalan, tetapi tidak mencapai kesucian sepenuhnya, iaitu untuk orang yang berada pada tahap keimanan ketiga. Mereka membuang semua dosa dalam amalan tetapi tidak membuang semua dosa yang dilakukan dalam fikiran dan dosa hati.

Mereka akan diberikan rumah setingkat, dan akan ada papan nama di pintu pagar. Rumah ini lebih indah dan gah berbanding mana-mana rumah agam di dunia. Hadiah yang lazimnya diberikan selain rumah adalah mahkota keagungan. Mereka mengagungkan Tuhan di dunia sehingga satu tahap, dan itu sebabnya Tuhan memberikan mereka mahkota keagungan (1 Petrus 5:4).

Sebagai tambahan kepada mahkota dan rumah, orang yang masuk ke Kerajaan Kedua Syurga juga akan mendapat sesuatu yang mereka benar-benar inginkan sebagai individu. Jika mereka mahukan kolam renang, mereka akan mendapat kolam renang cantik yang dibina dengan batu berharga. Jika mereka mahukan tasik, mereka akan mendapatkannya. Jika mereka mahukan dewan besar, mereka akan mendapatkannya. Jika mereka suka berjalan-jalan, mereka akan mempunyai denai untuk berjalan yang mempunyai banyak tumbuhan dan bunga di kedua-dua sisinya, serta banyak haiwan yang berkeliaran.

Memandangkan semua orang mempunyai citarasa berbeza, ada banyak jenis kemudahan berbeza, jadi mereka dapat melawat rumah orang lain untuk menggunakan kemudahan ini bersama-sama. Di Syurga, semua orang saling berkhidmat, jadi tiada sesiapa akan menolak orang lain yang datang melawat. Sebaliknya, mereka akan bertambah gembira dapat berkongsi apa yang mereka ada. Para pelawat juga tidak mengambil kesempatan, jadi mereka melawat namun masih mengekalkan adab sopan.

Orang yang berada di Kerajaan Kedua Syurga tidak berasa kasihan atau cemburu dengan apa yang orang lain ada, walaupun mereka hanya mempunyai satu kemudahan. Namun mereka bersyukur kepada Tuhan kerana telah memberikan mereka ganjaran begitu yang lebih daripada apa yang mereka lakukan di dunia. Satu perkara yang merunsingkan mereka adalah mereka tidak menyucikan diri dengan sepenuhnya semasa hidup di dunia. Mereka akan begitu malu kerana mereka tidak menyingkirkan dosa dengan sepenuhnya, dan mereka tidak dapat mengangkat muka kepada Tuhan.

Kerajaan Ketiga Syurga

Perbezaan dari segi keagungan di antara Kerajaan Kedua Syurga dengan Kerajaan Ketiga Syurga adalah seperti perbezaan di antara langit dan bumi. Perbezaan ini datang daripada sama ada seseorang itu benar-bena mencapai penyucian. Orang yang berada di Kerajaan Ketiga Syurga berada pada tahap keimanan keempat. Mereka mencapai penyucian jadi mereka boleh mendapat semua kemudahan yang mereka mahukan sebagai balasan. Mereka boleh mendapat padang golf, kolam renang dan dewan besar—iaitu mereka boleh mendapat apa sahaja yang mereka mahukan supaya mereka tidak perlu menggunakan kemudahan di rumah orang lain.

Rumah mereka ada beberapa tingkat, dan amat besar serta menawan sehinggakan jutawan di dunia pun tidak mampu membina rumah sebegini. Mereka mempunyai taman yang besar yang dipenuhi bunga-bunga harum dan pokok yang dihias cantik. Ikan pelbagai jenis berenang di dalam tasik yang memantulkan cahaya yang terang dan indah. Tentu sekali, rumah-rumah ini tidak dapat dibandingkan dengan rumah di Baitulmuqaddis Baru dari segi saiz, keindahan dan keagungan. Bercakap dari segi nisbah, jika kita katakan keluasan rumah paling kecil di Baitulmuqaddis Baru adalah 100 unit, rumah yang paling besar di Kerajaan Ketiga Syurga hanyalah 60 unit. Ini memberitahu kita bahawa Tuhan amat berbahagia dengan orang yang masuk ke Baitulmuqaddis Baru.

Rumah di Kerajaan Ketiga Syurga mengeluarkan aroma dan cahaya yang indah sejauh mana pemiliknya menyerupai Tuhan. Faktor yang sama bagi rumah di kedua-dua Kerajaan Ketiga Syurga dan Baitulmuqaddis Baru adalah tiada papan tanda nama. Rumah ini sendiri mengeluarkan haruman unik dan cahaya seperti aurora yang mewakili pemiliknya, jadi semua orang tahu siapakah pemilik rumah tanpa perlu meletakkan papan tanda nama. Ini juga kerana di kalangan semua penganut yang masuk ke kerajaan syurga, hanya ada beberapa orang sahaja yang akan masuk ke Kerajaan Ketiga atau Baitulmuqaddis Baru.

Ini bukan tentang rumah sahaja. Jalan emas yang sama pun lebih bersinar dan lebih berharga berbanding di Kerajaan Kedua Syurga. Disebabkan mereka mempunyai semua kemudahan yang mereka mahu, di Kerajaan ketiga Syurga, ada banyak malaikat yang diberikan juga. Terdapat banyak malaikat pembantu yang menguruskan rumah dan pelawat. Sehingga ke Kerajaan Kedua Syurga, tiada malaikat khas yang diberikan tetapi di Kerajaan Ketiga

Syurga dan Baitulmuqaddis Baru, malaikat diberikan kepada semua penduduk di sana. Mereka juga mempunyai kenderaan seperti awan untuk kegunaan awam, dan mereka boleh pergi ke mana-mana sahaja di kerajaan syurga, sesuka hati mereka.

Mahkota kehidupan diberikan kepada penduduk Kerajaan Ketiga Syurga. Ini adalah ganjaran asas yang diberikan kerana mereka telah lulus ujian menyerahkan kehidupan mereka kepada Yesus (Yakobus 1:12). Manusia di Kerajaan Ketiga Syurga hidup dalam keagungan berbanding penduduk di Kerajaan Kedua Syurga. Namun, mereka juga mempunyai sedikit kesalan apabila mereka melihat Baitulmuqaddis Baru. Oleh itu, amat penting bagi kita untuk menyenangkan hati Tuhan dengan setia dalam semua rumahNya, serta memupuk kesucian dalam diri kita.

Baitulmuqaddis Baru, Tempat Tinggal Manusia Roh Terasuh

Hawari Yohanes bercakap tentang keagungan bandar Baitulmuqaddis Baru dalam Wahyu 21:11, "... cahayanya sama seperti permata yang paling indah, bagaikan permata yaspis, jernih seperti kristal."

Seluruh bandar ini dikelilingi dengan keagungan Tuhan. Cahaya yang terpancar daripada bandar Baitulmuqaddis Baru amat megah dan indah, dan kita akan berasa takjub apabila melihatnya. Ia sebuah tempat yang amat indah dan menakjubkan, dan di luar imaginasi kita. Ia diberikan kepada orang yang mencapai kesucian sempurna; yang setia dalam semua rumah Tuhan; dan yang mengikut kehendakNya dengan pemahaman terhadap lubuk hati Tuhan. Ia adalah tempat tinggal untuk manusia roh terasuh yang telah mencapai tahap keimanan kelima.

Bandar ini dikelilingi oleh tembok tinggi yang mengeluarkan

cahaya terang, dan ini adalah sempadan antara Kerajaan Ketiga Syurga dan bandar Baitulmuqaddis Baru. Ukuran bandar Baitulmuqaddis Baru adalah sama dari segi lebar, panjang dan tinggi. Setiap satunya 12,000 stadia (Wahyu 21:16). Stadium adalah ukuran jarak, dan 12,000 stadia adalah kira-kira 2,400 km.

Jika anda melihat bandar Baitulmuqaddis Baru secara mendatar, ini adalah lebar dan panjang, keluasan bandar ini adalah 58 kali lebih besar berbanding keluasan Korea Selatan. Tetapi ukuran keluasan ini hanya dua dimensi. Baitulmuqaddis Baru juga setinggi 2,400 km. Oleh itu, kita tidak akan benar-benar memahami keluasan kawasan bandar Baitulmuqaddis Baru hanya menggunakan konsep keluasan yang kita tahu.

Setiap daripada empat sisi tebok bandar mempunyai tiga pintu gerbang mutiara, dan jumlah keseluruhannya adalah 12 pintu gerbang. Batu asas bagi tembok dinding adalah 12 jenis batu berharga. Setiap pintu gerbang dikawal oleh seorang malaikat, dan jalannya diperbuat daripada emas tulen yang seperti kaca kristal jernih. Ada banyak batu berharga lain juga pada 12 batu asas. Ada yang amat besar sehingga kita tidak dapat menggambarkan saiznya. Ada yang mengeluarkan cahaya dua atau tiga lapis.

Bahagian dalam bandar Baitulmuqaddis Baru boleh dibahagikan kepada kawasan Tuhan Bapa, kawasan Yesus dan kawasan Roh Kudus. Di kawasan Tuhan Bapa terletak rumah bapa keimanan yang aktif semasa zaman Perjanjian Lama termasuklah, tetapi tidak terhad kepada Elia, Enok, Musa dan Ibrahim. Di sebelah kanan ke bawah daripada arasy Tuhan adalah kawasan Yesus, di mana terletaknya istana utama Yesus yang mempunyai bumbung emas. Di sekeliling istana kita dapat lihat bangunan lain pelbagai warna dan saiz. Yang paling dekat adalah rumah para hawariNya Petrus, Yohanes, dan Yakobus, dan kemudian rumah para hawari lain.

Ke bahagian kiri dan bawah arasy Tuhan adalah kawasan Roh

Kudus, yang memberikan perasaan lembut dan menyenangkan seperti seorang ibu. Di kawasan ini terletaknya rumah orang yang manusia yang mencapai roh terasuh semasa era Roh Kudus. Sesetengah rumah sudah siap dibina manakala ada rumah lain yang sedang dihias dengan batu berharga indah, dan hampir siap. Bagi sesetengah rumah, tanahnya sedang diperbesarkan, kerana pemilik rumah masih menyelamatkan lebih ramai jiwa di dunia ini.

Rumah di Baitulmuqaddis Baru adalah besar dan gah seperti istana gergasi. Mereka akan diberikan tanah sejauh mana mereka mencapai kelembutan hati di dunia, dan orang yang berada di Baitulmuqaddis Baru akan diberikan tanah yang besar untuk rumah mereka kerana mereka mempunyai banyak kelembutan hati. Setiap rumah mempunyai semua kemudahan yang pemiliknya mahukan, dan kita dengan mudah akan tahu siapakah pemiliknya kerana ia dibina bergantung kepada keimanan, ganjaran dan citarasa pemiliknya. Cahaya keagungan Tuhan dan batu permata yang menghiasi setiap rumah memberitahu kita sejauh mana pemiliknya menggemburkan kesucian dan bagaimana dia menyenangkan hati Tuhan di dunia ini. Mereka diberikan ganjaran yang besar sejauh mana mereka melepaskan apa yang mereka suka, apa yang mereka mahu lakukan, dan apa yang mereka mahukan, demi Yesus.

Mahkota emas dan mahkota kebenaran akan diberikan kepada orang yang masuk ke Baitulmuqaddis Baru. Mahkota emas mempunyai banyak perhiasan batu berharga. Wahyu 4:4 menyatakan, "Dan sekeliling takhta itu ada dua puluh empat takhta, dan di takhta-takhta itu duduk dua puluh empat tua-tua, yang memakai pakaian putih dan mahkota emas di kepala mereka."

Emas pada mahkota emas adalah emas tulen yang tidak mempunyai bahan asing lain di dalamnya. Ia mewakili keimanan sebenar yang tidak pernah berubah. Ia adalah ganjaran yang diberikan kerana mereka telah mencapai tahap keimanan yang menyenangkan hati Tuhan.

Mahkota kebenaran diberikan kepada orang yang menggemburkan hati yang suci, iaitu tidak bersalah dan bersih dan orang yang setia terhadap kerajaan Tuhan (2 Timotius 4:7-8). Selain mahkota emas dan kebenaran, mahkota jenis lain juga akan diberikan kepada orang yang masuk ke Dan sekeliling takhta itu ada dua puluh empat takhta, dan di takhta-takhta itu duduk dua puluh empat tua-tua, yang memakai pakaian putih dan mahkota emas di kepala mereka. Bagi setiap kali mereka memberikan keagungan kepada Tuhan di dunia ini, sebuah mahkota akan diberikan.

Selain itu, ada banyak lagi perkara yang disediakan oleh Tuhan untuk kita di bandar Baitulmuqaddis Baru. Tentang hal ini, Wahyu 21:2 menyatakan, "Dan aku melihat kota yang kudus, Yerusalem yang baru, turun dari syurga, dari Tuhan, yang berhias bagaikan pengantin perempuan yang berdandan untuk suaminya." Sama seperti pengantin yang berhias cantik pada hari perkahwinan, Tuhan telah menyediakan bandar Baitulmuqaddis Baru sebagai tempat tinggal paling cantik, selesa, menyenangkan dan gembira di syurga.

Pelbagai warna keluar daripada batu berharga di setiap rumah dan menghasilkan satu gabungan warna harmoni. Sesetengah rumah mempunyai tasik, hutan, padang rumput, taman yang terjaga rapi, kemudahan rekreasi, burung dan haiwan. Masuk ke Baitulmuqaddis Baru sendiri akan menggerakkan hati manusia/ Mereka akan menikmati kegembiraan selama-lamanya dalam keagungan dan emosi yang tidak dapat digambarkan.

Tidak ramai orang yang pernah masuk ke Baitulmuqaddis Baru sejak permulaan penggemburan manusia. Tuhan mahu smeua orang untuk tampil sebagai anak-anakNya yang sejati dan masuk ke Baitulmuqaddis Baru, tetapi ada ramai orang yang diselamatkan dengan sipi-sipi. Mereka sentiasa bersyukur kerana mereka tidak masuk ke Neraka, dan sebaliknya, mereka dapat menikmati rehat yang sebenar di Firdaus.

Kegembiraan yang dirasakan di Firdaus tidak dapat dibandingkan dengan apa yang dirasakan di Baitulmuqaddis Baru. Ia juga berbeza daripada kegembiraan yang dirasakan di Kerajaan Pertama Syurga. Ada banyak perbezaan dari segi persekitaran dan keadaan lain di setiap tempat tinggal syurga bergantung kepada keadilan Tuhan, dan ini adalah pertimbangan kasih sayang Tuhan terhadap kita. Dia membenarkan sesiapa yang berada pada tahap roh yang sama untuk tinggal bersama-sama supaya mereka akan merasakan kebebasan dan kegembiraan sepenuhnya di setiap tempat tinggal. Dengan cara ini, manusia akan tinggal di tempat tinggal syurga masing-masing, dan bagi kehidupan begini, mereka mempunyai jasad rohani yang paling sesuai dengan ruangan rohani.

Bab 2

Roh, Jiwa dan Jasad dalam Ruangan Rohani

Hadiah Tuhan akan diberikan bergantung kepada sejauh mana kita telah menggemburkan roh, jiwa dan jasad milik roh semasa hidup dalam ruangan fizikal ini. Dia memberikan kita keagungan supaya kita seronok dengan tempat tinggal di syurga, juga menyediakan pakaian, mahkota dan perhiasan lain bergantung kepada apa yang telah kita lakukan.

1. Bentuk Rohani

2. Jiwa dan Jasad Milik Roh

3. Hadiah Tuhan

Dalam filem atau drama TV kita kadang kala melihat yang roh kelihatan sama dengan manusia ini, keluar dari tubuhnya. Roh yang keluar dari tubuh melihat tubuh yang terbaring dan berasa terkejut, "Mengapa ada orang seperti saya yang terbaring di sana?" Adakah perkara ini rekaan semata-mata yang wujud dalam filem atau drama TV sahaja? Alkitab menuliskan tentang kewujudan dunia rohani dan roh kita.

Untuk hidup selama-lamanya di kerajaan syurga nanti, kita perlu mempunyai roh, jiwa dan jasad milik ruangan rohani. Semua manusia dilahirkan dengan roh yang mati disebabkan dosa Adam. Kesannya, mereka hidup berpandukan nafsu. Tetapi setelah mereka menerima Yesus Kristus dan menerima Roh Kudus, roh mereka yang mati boleh dibangkitkan, dan mereka boleh menjadi anak-anak sejati Tuhan yang menginginkan dunia rohani.

Tuhan menciptakan manusia dan menggemburkan manusia, sama seperti petani yang menanam benih di ladang dan menggemburkan nya. Hanya apabila kita memahami takdirNya baru kita dapat membangkitkan semula roh yang mati dan menjadikan roh, jiwa dan jasad kita milik roh. Kita dapat menikmati hidup di kerajaan abadi dengan mempunyai jasad syurgawi yang sempurna, hanya apabila kita mempunyai roh, jiwa dan jasad yang sesuai untuk kehidupan di kerajaan ketiga, iaitu ruangan cahaya.

Bagaimanakah rupa kita dalam ruangan cahaya ini? Di dunia, kita mempunyai roh, jiwa dan jasad yang sesuai dengan ruangan fizikal. Tetapi apabila kita masuk ke ruangan rohani, kita perlu mempunyai roh, jiwa dan jasad yang sesuai untuk ruagan itu.

1. Bentuk Rohani

Bentuk rohani adalah bentuk roh. Ia juga boleh dianggap sebagai bekas yang menyimpan roh. Setiap orang yang diselamatkan mempunyai bentuk milik mereka di syurga, dan keagungan setiap orang adalah berbeza. Cahaya jasad rohani berbeza menurut ukuran kesucian setiap orang. Kita akan mempunyai jasad yang dibangkitkan, dan selepas itu jasad syurgawi yang disempurnakan.

Bentuk mengandungi bahan. Apabila kita melihat helang terbang di udara, kita boleh katakan bahawa ia helang kerana ia mempunyai bentuk yang unik. Singa mempunyai bentuk singa, dan helang mempunyai bentuk helang supaya kita dapat membezakan antara satu dengan yang lain.

Jasad fizikal adalah bentuk fizikal yang dapat dilihat dengan mata. Bagi manusia, kita ada bentuk di dunia, iaitu jasad fizikal, tetapi kita juga boleh ada jasad rohani milik syurga.

1 Korintus 15:38-40 menyatakan, "Tetapi Tuhan memberikan kepadanya suatu tubuh, seperti yang dikehendaki-Nya: Ia memberikan kepada tiap-tiap biji tubuhnya sendiri. Bukan semua daging sama: daging manusia lain dari pada daging binatang, lain daripada daging burung, lain dari pada daging ikan Ada tubuh syurgawi dan ada tubuh duniawi, tetapi kemuliaan tubuh syurgawi lain dari pada kemuliaan tubuh duniawi." Seperti kita mempunyai bentuk yang nyata iaitu tubuh fizikal, roh juga mempunyai bentuk. Kita boleh katakan bahawa bentuk roh adalah bekas yang memegang roh itu sendiri. Bagi manusia, apabila hidup kita di dunia telah berakhir, kandungan roh tidak musnah tetapi terkandung dalam jasad rohani. Cahaya jasad rohani berbeza bergantung kepada sejauh mana seseorang mengamalkan kebenaran di dunia ini. Jasad rohani setiap manusia berbeza, dan ini bermakna setiap jasad dapat dibezakan. Melihatkan cahaya jasad rohani, kita akan tahu tempat tinggal setiap orang jika Tuhan memanggilnya

sekarang.

Bentuk rohani bukanlah satu bayang-bayang. Bentuknya adalah pejal. Walaupun ia kelihatan seperti mempunyai berat, ia tidak ada berat. Adan walaupun ia dirasakan seperti tidak ada berat, ia mempunyai berat Ia seperti memegang sekeping tisu yang nipis. Ia dirasakan seperti tidak mempunyai berat, tetapi ada. Tetapi ini tidak bermakna yang roh amat lemah dan akan ditiup angin. Ia amat ringan sehingga tidak dapat ditimbang, tetapi ia stabil.

Bentuk Rohani Adam

Adam adalah manusia pertama yang diciptakan Tuhan. Tuhan dengan teliti menciptakan usus, tulang, dan seluruh bentuk manusia, dan dia menjadi makhluk hidup, iaitu roh hidup, apabila Tuhan menghembuskan ke dalam hidungnya nafas kehidupan. Jantung Adam mula berdenyut, darahnya mengalir dan organ serta sel tubuhnya mula berfungsi. Dia adalah makhluk yang cantik, yang mempunyai daging dan tulang yang tidak dimakan usia dan tidak akan musnah. Selain itu, apabila Tuhan menghembuskan nafas kehidupan kepada Adam, rohnya mempunyai bentuk yang sama dengan jasad fizikal. Seperti tubuh Adam yang mempunyai bentuk, rohnya juga mempunyai bentuk yang kelihatan sama seperti jasad fizikalnya. Roh Adam yang dapat berkomunikasi dengan Tuhan dan jiwanya yang dapat membantu roh terkandung dalam tubuh Adam.

Adam dapat mengamalkan Firman Tuhan dan berkomunikasi dengan Tuhan kerana jiwa dan jasadnya mematuhi roh. Semasa dia diciptakan, rohnya terkandung dalam jasad rohani seperti kertas putih yang kosong. Jadi, Tuhan membawanya ke Taman Syurgawi dan mengajarkannya pengetahuan roh. Dan Tuhan berkata kepada Adam, "...tetapi pohon pengetahuan tentang yang baik dan yang jahat itu, janganlah kau makan buahnya, sebab pada hari engkau memakannya, pastilah engkau mati" (Kejadian 2:17).

Selepas lama tinggal di Taman Syurgawi, Adam makan buah terlarang yang Hawa berikan kepadanya, yang telah dimakan selepas Hawa digoda oleh Syaitan. Kesannya, seperti yang dinyatakan Tuhan "Pastilah engkau mati", roh Adam mati. Oleh itu, komunikasinya dengan Tuhan terputus.

Tentu sekali, roh Adam datang daripada Tuhan, jadi ia tidak musnah sepenuhnya. Nafas kehidupan yang dihembuskan Tuhan ke dalam hidung Adam mempunyai sifat tidak boleh musnah. Ini adalah sifat 'tidak akan musnah.'

Di sini, rohnya mati bermakna komunikasi dengan Tuhan telah terputus dan semua aktiviti terhenti. Memandangkan rohnya sudah tidak aktif, jiwa mengambil alih sebagai tuan manusia dan ia memerintah seluruh badan. Sejak kejatuhan Adam, pengetahuan tentang roh yang menjadikan Adam roh yang hidup mula mengalir keluar. Kemudian, sifat-sifat badaniah milik kegelapan mula masuk ke dalam bentuk rohani. Sejak itu, jasad Adam berada dalam kawalan fizikal. Dia menjadi makhluk yang berubah, bertabah tua dan akhirnya berdepan dengan kematian.

Bentuk Rohani Seseorang pada Masa Kematian

Bagi manusia, selepas jasad fizikal mati, roh dan jiwa mereka akan terkandung dalam betuk rohani dan wujud selama-lamanya. Jiwa tidak akan musnah walaupun selepas kematian fizikal kerana ia digabungkan dengan roh dan terus mengalami operasi jiwa. Walaupun selepas tubuh mati dan otak berhenti berfungsi, pengetahuan yang terkandung dalam otak akan kekal dalam bentuk rohani. Fikiran dan perasaan juga akan kekal. Gabungan roh dan jiwa digelar 'roh-jiwa', tetapi lazimnya dinamakan 'roh.'

Jika seseorang menerima Yesus Kristus, hidup berpandukan

Firman Tuhan, dan mendapat hak untuk masuk ke ruangan cahaya, bentuk rohaninya akan bersinar. Sebaliknya, jika roh seseorang telah mati kerana dia tidak mempunyai hubungan dengan Tuhan yang merupakan Cahaya, tetapi hidup dalam dosa dan kejahatan serta cela dunia, bentuk rohaninya hanya akan mengandungi kegelapan.

Perwatakan orang yang diselamatkan dengan yang tidak adalah berbeza pada saat kematian mereka. Orang yang tidak diselamatkan lazimnya akan mati dalam ketakutan dengan mata terbuka, tetapi orang yang diselamatkan akan mati dalam ketenangan dengan mata tertutup. Mereka tahu bahawa ada Syurga dan ada Neraka pada saat roh keluar daripada tubuh mereka.

Sesetengah orang yang tidak diselamatkan melihat utusan neraka menanti mereka. Utusan neraka dipenuhi dengan kegelapan dari hujung rambut sampai hujung kaki. Mereka memakai jubah hitam. Wajah mereka pucat, dengan bibir merah kehitaman, dan tenaga hitam di bawah mata mereka. Betapa takutnya seseorang apabila utusan neraka dengan wajah yang menggerunkan datang kepada mereka! Pada saat itu, dia akan tahu bahawa Syurga dan Neraka wujud, dan dia mati dalam ketakutan. Namun sudah terlambat baginya. Menyesali masa silam tidak akan membantunya. Dia tidak dapat lari daripada diseret ke Neraka.

Tetapi orang yang beriman dan menjalani kehidupan Kristian yang baik tidak perlu takutkan apa-apa. Mereka melihat dua malaikat berjubah putih yang menunggu mereka sebelum kematian, jadi wajah mereka merah dan mereka berasa tenang. Pada saat roh mereka dipisahkan daripada jasad, mereka berasa kegembiraan yang tidak dapat digambarkan.

Ada seorang penganut yang meninggal dunia selepas menjalani kehidupan yang setia dalam gereja kami buat beberapa lama. Dia amat baik hati dan lemah-lembut dan tidak pernah mempunyai masalah atau konflik dengan orang lain. Dia senang dengan semua orang dan bercakap hanya perkara kebaikan, kasih sayang dan kebenaran dengan cara lemah-lembut. Dia amat mengasihi Tuhan dan keutamaannya adalah kerja Tuhan. Dia sanggup mengorbankan nyawa demi kerajaan Tuhan. Saya dapat lihat cahaya terang yang datang daripada tempat persemadiannya. Apabila saya melihat kemegahan malaikat yang datang mengambil rohnya, saya dapat bayangkan jenis tempat tinggal di syurga yang disediakan untuknya.

Bentuk Rohani Orang Yang Diselamatkan

Apabila orang yang diselamatkan meninggal dunia, rohnya akan keluar daripada tubuh. Ada dua malaikat yang akan mengiringi roh dan memimpinnya ke tempat menunggu di Syurga. Sebelum kebangkitan semula Yesus, Kubur Atas adalah tempat menunggu Syurga. Tetapi selepas kebangkitanNya, ia telah berubah. Jiwa (roh-jiwa) berada di tempat menunggu lain di pinggir Firdaus. Jiwa yang diselamatkan semasa zaman Perjanjian Lama dipindahkan ke tempat menunggu ini juga.

Pada zaman Perjanjian Baru, bagi orang yang diselamatkan, apabila roh meninggalkan tubuh, mereka pertama sekali akan pergi ke Kubur Atas. Mereka akan tinggal di sana selama tiga hari untuk menyesuaikan diri dengan dunia rohani dan menerima latihan dan pengetahuan yang diperlukan untuk dunia rohani. Selepas itu, mereka akan dipindahkan ke tempat menunggu di pinggir Firdaus. Proses penggemburan manusia akan tamat semasa kedatangan kedua Yesus di udara. Selepas ini akan datang Kerajaan Milenium, dan akhirnya, akan ada Penghakiman Agung Arasy Putih. Melalui Penghakiman ini, Tuhan akan memberikan setiap manusia tempat tinggal di syurga dan ganjaran bergantung kepada amalannya.

Bagi orang yang diselamatkan, apakah jenis perwatakan bentuk rohani mereka? Jika kita tahu tentang bentuk rohani, kita akan lebih mudah memahami tentang kebangkitan semula dan Keghairahan.

Jika seseorang mati semasa kecil, bentuk rohaninya juga adalah seperti kanak-kanak. Jika dia mati semasa remaja, bentuk rohaninya akan kelihatan sama. Jika seseorang mati sebagai orang tua, bentuk rohaninya juga akan kelihatan tua. Tetapi bentuk rohani tidak akan mempunyai janggut, kekurangan upaya, parut atau kedutan. Walaupun jika seseorang meninggal dunia sebab penyakit, bentuk rohaninya masih sihat dan cantik. Bentuk rohani orang tua akan serupa dengan bentuk fizikal tubuh semasa meninggal dunia. Namun, mereka tidak nampak lemah tetapi kelihatan sihat dan bertenaga.

Mereka memakai jubah putih dan bentuk rohani ini mengeluarkan cahaya. Kekuatan cahaya ini berbeza daripada seorang ke seorang. Lebih tinggi kesucian seseorang, lebih terang dan indah cahaya ini. Tempat tinggal dan keagungan berbeza diberikan menurut kadar keterangan cahaya. Bagi wanita, panjang rambut mereka berbeza menurut kesucian masing-masing. 1 Korintus 11:15 menyatakan, "...tetapi bahawa adalah kehormatan bagi perempuan, jika ia berambut panjang? Sebab rambut diberikan kepada perempuan untuk menjadi penudung."

Bagi wanita yang akan masuk ke Firdaus, Kerajaan Pertama Syurga, atau Kerajaan Kedua Syurga, rambut mereka akan panjang mencecah bahu. Bagi wanita yang masuk ke Kerajaan Ketiga Syurga, rambut akan turun ke paras tengah belakang, dan bagi wanita yang masuk ke Baitulmuqaddis Baru, ia akan sampai ke paras pinggang. Tetapi bagi lelaki, panjang rambut sama sahaja, yang sampai ke paras leher. Rambut di Syurga adalah perang beralun bagi lelaki dan wanita.

Bentuk rohani di kawasan menunggu Syurga masih belum lengkap dan sempurna. Mereka masih menunggu kedatangan kedua Yesus di udara, iaitu masa untuk mereka dibangkitkan. Mereka dapat mempunyai tubuh yang dibangkitkan semula hanya apabila

Yesus muncul semula di udara.

Jasad Yang Dibangkitkan

Apabila Yesus kembali di udara, jiwa yang berada di kawasan menunggu di Syurga akan digabungkan digabungkan dengan jasad fizikal yang akan dibangkitkan semula daripada kubur. Itu sebabnya Alkitab menyatakan bahawa orang yang meninggal dunia dalam keimanan tidak mati tetapi hanya tidur. Jasad mereka yang mati dan ditanam akan dibangkitkan dan diangkat naik ke udara, dan bersatu dengan roh-jiwa masing-masing. Kita namakan jasad yang bersatu ini sebagai 'jasad yang dibangkitkan'.

Jika jasad telah menjadi debu di dalam kubur selepas jangka masa yang lama, atau jika ia telah dibakar, bagaimanakah ia dapat dibangkitkan dan digabungkan dengan roh? Walaupun tidak dapat dilihat dengan mata kasar, elemen yang terkandung dalam tubuh masih wujud di dunia ini. Semasa kedatangan Yesus, semua elemen ini akan bergabung dan akan dibangkitkan dengan kuasa Tuhan. Jasad ini akan bertemu semula dengan roh-jiwa dan menjadi seluruh jasad roh, jiwa dan jasad.

Seterusnya, orang yang menerima Yesus semasa hidup juga akan berubah menjadi jasad rohani dan diangkat ke udara. Ini dinamakan 'Keghairahan'. Ia dapat dibandingkan dengan magnet gergasi yang menarik debu besi ke udara.

1 Tesalonika 4:16-17 menyatakan, "Maka Tuhan sendiri akan turun dari syurga dan mereka yang mati dalam Kristus akan lebih dahulu bangkit, sesudah itu, kita yang hidup, yang masih tinggal, akan diangkat bersama-sama dengan mereka dalam awan menyongsong Tuhan di angkasa. Demikianlah kita akan selama-lamanya bersama-sama dengan Tuhan."

1 Korintus 15:51-53 menyatakan, "Sesungguhnya aku

menyatakan kepadamu suatu rahsia: kita tidak akan mati semuanya, tetapi kita semuanya akan diubah, dalam sekejap mata, pada waktu bunyi nafiri yang terakhir. Sebab nafiri akan berbunyi dan orang-orang mati akan dibangkitkan dalam keadaan yang tidak dapat binasa dan kita semua akan diubah. Kerana yang dapat binasa ini harus mengenakan yang tidak dapat binasa, dan yang dapat mati ini harus mengenakan yang tidak dapat mati."

Jiwa yang diselamatkan ini akan bertemu Yesus di udara dan menghadiri jamuan perkahwinan selama tujuh tahun. Di sini, 'di udara' merujuk kepada ruangan khas yang disediakan di satu sisi Syurgawi di kerajaan kedua. Syurgawi adalah kawasan yang luas yang merangkumi Taman Syurgawi. JamuanPerkahwinantujuh tahun adalah masa untuk jiwa yang diselamatkan untuk ditenangkan hati dan bergembira. Ia adalah untuk menghargai usaha yang dilakukan semasa penggemburan manusia di dunia. Ia juga masa untuk mengucapkan kesyukuran kepada Tuhan kerana mengingati kehidupan mereka di dunia ini.

Apabila mereka berubah kepada jasad yang dibangkitkan, mereka akan dapat melihat tahap penyucian yang mereka capai dalam penggemburan hati Yesus Kristus. Mereka juga akan mempunyai sedikit kefahaman tentang pelbagai jenis ganjaran dan keagungan yang mereka akan terima semasa Pengadilan Akhir. Mereka akan mengadakan JamuanPerkahwinan Tujuh Tahun di udara dan dalam jasad yang dibangkitkan, dan seterusnya mereka akan turun ke dunia untuk menghabiskan masa 1,000 tahun.

Jadi, bagaimanakah jasad yang dibangkitkan berbeza daripada bentuk rohani? Jasad yang dibangkitkan dan bentuk rohani, setiap satu merasai ruangan rohani dengan cara yang berbeza. Bentuk rohani sendiri tidak akan menjadi tubuh yang lengkap dalam ruangan rohani. Kita boleh katakan bahawa seseorang mempunyai bentuk asas untuk hidup dalam ruangan rohani apabila dia telah mempunyai jasad yang dibangkitkan. Bentuk rohani kelihatan seperti seseorang itu semasa dia meninggal dunia, tetapi jasad yang dibangkitkan adalah seperti berumur 30 tahun bagi semua orang.

Yesus menamatkan kehidupan di dunia pada usia 33 tahun. 33 tahun adalah umur puncak kehidupan seseorang sama seperti matahari yang paling terik pada waktu tengah hari. Mereka cukup matang namun masih belum tua dan mempunyai tenaga yang penuh. Mereka telah mempunyai kecantikan yang matang setelah melepasi usia 20-an. Jika dibandingkan dengan bunga, ia serupa seperti masa bunga kembang mekar.

Atas sebab ini, Tuhan memberikan jasad rohani kepada anak-anakNya dengan perwatakan usia 33 tahun. Ketinggian lelaki adalah kira-kira 190 sm (lebih kurang 6' 3") dan bagi wanita adalah 170 sm (5' 7"). Tiada sesiapa yang akan terlalu gemuk atau kurus; semua orang akan mempunyai perwatakan yang paling cantik.

Jasad yang dibangkitkan ini adalah ketara. Ia dapat dirasakan secara fizikal dengan tangan, kerana ia adalah gabungan roh dan jiwa, serta jasad fizikal yang dibangkitkan. Yesus Kristus yang menunjukkan kepada kita jasad yang dibangkitkan ini. Yesus yang dibangkitkan muncul di hadapan para hawariNya dan berkata, "Lihatlah tanganKu dan kakiKu: Aku sendirilah ini; rabalah Aku dan lihatlah, kerana hantu tidak ada daging dan tulangnya, seperti yang kamu lihat ada padaKu" (Lukas 24:39). Seperti yang Dia katakan, jasad yang dibangkitkan mempunyai daging dan tulang.

Jasad yang dibangkitkan juga adalah jasad yang tidak boleh musnah, iaitu tidak terikat dengan had fizikal dunia. Yesus yang dibangkitkan muncul di hadapan hawari dan berjalan menembusi dinding seperti yang dicatatkan dalam Yohanes 20:19-26. Dalam Yohanes 20:22, dinyatakan bahawa Yesus 'bernafas pada mereka.'

Jasad yang dibangkitkan boleh bernafas, makan dan minum. Makanan yang dimakan akan hilang dan dihembuskan keluar. Betapa menakjubkan, makanan yang dimakan dihembuskan bersama nafas yang mempunyai aroma harum dan kemudian hilang di udara!

Dalam Lukas 24:41-43 ditulis, "Dan ketika mereka belum percaya kerana girangnya dan masih hairan, berkatalah Ia kepada mereka: „Adakah padamu makanan di sini?' Lalu mereka memberikan kepadaNya sepotong ikan goreng; Ia mengambilnya dan memakannya di depan mata mereka." Yesus makan di hadapan para hawariNya untuk membuatkan mereka percaya dengan kebangkitan, dan memberitahu mereka tentang jasad yang dibangkitkan. Ia juga untuk memberitahu mereka bahawa jasad rohani juga boleh makan. Pada mulanya, Maria Magdalena dan para hawari tidak mengenali Yesus yang dibangkitkan. Ini kerana cahaya yang datang daripada jasad yang dibangkitkan. Jasad ini tidak mempunyai apa-apa parut, tetapi disebabkan Tomas masih ragu-ragu, Yesus menunjukkan tanganNya. Yesus membenarkan Tomas melihat parut supaya dia mendapat keyakinan.

Jasad Syurgawi yang Disempurnakan

Telah diterangkan bahawa orang yang akan mendapat jasad yang dibangkitkan akan diangkat ke udara untuk Jamuan Perkahwinan Tujuh Tahun. Selepas itu, dalam tubuh yang sama, mereka akan turun ke dunia semasa Kerajaan Milenium. Apabila ia berakhir, mereka akan mewarisi tempat tinggal masing-masing di syurga melalui Penghakiman Agung Arasy Putih. Apabila ini berlaku, mereka akan ditukarkan kepada jasad syurgawi yang disempurnakan, yang boleh dianggap sebagai jasad rohani pada tahap yang lebih tinggi daripada jasad yang dibangkitkan.

Mengapakah Tuhan memberikan kita peringkat pertengahan ini? Mengapakah kita menerima jasad yang dibangkitkan dan bukan buka jasad syurgawi yang disempurnakan terus?

Ini kerana kerajaan syurga di syurga ketiga dan tempat untuk Jamuan Perkahwinan Tujuh Tahun di syurga kedua mempunyai banyak perbezaan dari segi kepadatan roh dan aliran masa. Atas sebab ini Tuhan memberikan kita jasad yang paling sesuai bagi setiap ruang. Faktor yang sama bagi bentuk rohani, jasad yang dibangkitkan dan jasad syurgawi yang disempurnakan adalah kesemuanya menunjukkan keterangan cahaya seperti aurora berbeza, yang bersinar sejauh mana seseorang mencapai tahap kesucian. Selain daripada mengeluarkan cahaya berbeza mengikut ukuran kesucian seseorang, jasad syurgawi yang disempurnakan juga menunjukkan ganjaran dan kebesaran yang diterima oleh setiap orang daripada Tuhan. Ini adalah perbezaan paling besar di antara jasad yang dibangkitkan dengan jasad syurgawi yang disempurnakan.

Apabila penggemburan manusia telah berakhir, tahap kesucian setiap orang akan ditentukan, dan jumlah ganjaran juga akan bergantung kepada hal ini. Oleh itu, kita dapat membezakan perbezaan dari segi keagungan dan ganjaran dengan melihat cahaya rohani setiap orang. Tetapi tentulah semuanya akan diserlahkan dengan jelas hanya selepas Penghakiman Agung Arasy Putih. Seseorang akan mendapat jasad syurgawi yang disempurnakan hanya selepas Tuhan dengan rasmi mengakui dan menetapkan keagungan dan ganjaran bagi setiap manusia.

Cahaya Keagungan

Sinaran cahaya seperti aurora bentuk rohani adalah berbeza bergantung kepada tahap kesucian yang dicapai setiap orang di dunia ini. Sebab itu sinaran ini digelar 'cahaya keagungan'. Lebih banyak kesucian dan lebih serupa dengan Yesus yang dicapai seseorang, lebih jelas dan terang sinaran cahayanya. Kita juga akan dapat mengetahui kedudukan mereka dari segi rohani hanya dengan melihat sinaran cahayanya. Secara khususnya, orang yang berada di Kerajaan Kedua Syurga dan Kerajaan Ketiga Syurga akan mempunyai perwatakan yang amat berbeza. Ini kerana cahaya keagungan, pakaian yang mereka pakai, corak dan perhiasan pada pakaian mereka, serta gaya rambut adalah berbeza.

Wahyu 19:8 menyatakan, "Dan kepadanya dikurniakan supaya memakai kain lenan halus yang berkilau-kilauan dan yang putih bersih!" (Lenan halus itu adalah perbuatan-perbuatan yang benar dari orang-orang kudus.)." Seperti yang dinyatakan, lelaki dan wanita memakai linen halus berkilauan putih bersih di Syurga.

Pakaian mereka adalah selembut sutera dan beralun kerana sangat ringan. Di sini tiada habuk dan kita tidak berpeluh, jadi pakaian tidak akan kotor walaupun dipakai lama. Ada banyak jenis perhiasan dan corak, yang menjadikan pakaian indah dan cantik dan tidak dapat dibandingkan dengan mana-mana pakaian di dunia. Selain itu, warna pelangi dan banyak warna lain terdapat pada pakaian ini.

Ada pakaian yang digunakan untuk hari biasa, pakaian untuk ke majlis, untuk jemaah doa, pakaian sukan dan juga pakaian untuk menyertai pelbagai jenis pertandingan. Ada pelbagai jenis pakaian yang sesuai untuk setiap acara. Di Syurga, kita menerima ganjaran bergantung kepada amalan kita di dunia. Jadi, setiap daripada kita menerima jenis dan jumlah pakaian berbeza. Ada sesetengah orang hanya mempunyai beberapa helai, tetapi orang lain mempunyai banyak pakaian pelbagai jenis. Namun, keagungan bukan hanya setakat pada pakaian. Kita akan dapat mengenal pasti keagungan dan ganjaran masing-masing melalui mahkota yang dipakai dan kepala dan perhiasan lain.

Jumlah, jenis, cahaya dan keagungan mahkota diberikan berdasarkan sejauh mana kita menggemburkan kesucian dan bekerja dengan setia untuk kerajaan Tuhan dengan penuh keimanan. Kepadatan, corak dan kejernihan sinaran cahaya berbeza di setiap tempat tinggal di syurga. Malah, pakaian di tempat tinggal paling rendah di syurga pun adalah lebih indah, cantik dan terang warnanya berbanding mana-mana pakaian di dunia. Jasad syurgawi yang disempurnakan sendiri amat cantik dan ia tidak memerlukan apa-apa perhiasan atau barang kemas, tetapi Tuhan memberikan pakaian, mahkota dan aksesori lain bergantung kepada amalan masing-masing.

2. Jiwa dan Jasad Milik Roh

Anak-anak Tuhan yang telah diselamatkan akan tinggal di Syurga dalam jasad syurgawi yang sempurna selepas Penghakiman Agung Arasy Putih. Jasad syurgawi yang sempurna mempunyai jiwa yang mematuhi roh dan jasad rohani yang tidak menghasilkan apa-apa jenis bahan buangan tubuh.

Mengapakah penting untuk kita memahami tentang jiwa, roh dan jasad? Ini kerana kita perlu mendapatkan semula roh, jiwa dan jasad yang telah berubah disebabkan dosa Adam. Ini juga adalah sebab Tuhan melakukan penggemburan manusia di dunia. Apabila kita menerima Yesus Kristus dan menerima Roh Kudus, roh kita yang mati akan dibangkitkan semula, dan kemudian kita perlu mendapatkan semula roh kita. Sejauh mana kita mendapatkan semula roh, kita akan mendapat jiwa dan jasad yang dimiliki oleh roh ini. Kita akan menjadi manusia yang termasuk dalam roh.

Apabila seseorang mempunyai jasad yang termasuk dalam roh, ini dikatakan keadaan di mana 'jiwa adalah makmur'. Telah dicatatkan dalam 3 Yohanes 1:2, "Saudaraku yang kekasih, aku berdoa, semoga engkau baik-baik dan sihat-sihat saja dalam segala sesuatu, sama seperti jiwamu baik-baik saja."

Apabila jiwa seseorang makmur, dia akan dapat menyingkirkan fikiran yang dimiliki oleh badaniah. Jika mereka mahu berhenti daripada memikirkan tentang sesuatu, ia akan dapat dilakukan dengan serta-merta. Seseorang akan dapat berhenti daripada menghidu dan mendengar perkara tertentu. Perasaan sakit dapat dirasai ataupun tidak, bergantung kepada keinginan seseorang. Memandangkan perasaan dan fikiran dapat dikawal, mereka akan sentiasa merasai kesempurnaan kegembiraan dan kesyukuran

(Roma 8:6). Manusia begini akan sihat dan segala-galanya akan berjalan lancar dalam hidupnya. Penyakit tidak akan menimpanya kerana dia dapat mengawal tubuhnya. Walaupun jika dia sakit disebabkan kesilapan sendiri, dia akan dapat mengatasinya serta-merta dengan keimanan.

Jiwa Milik Roh

Adam, manusia pertama yang diciptakan Tuhan, adalah roh hidup, dan dia mempunyai roh, jiwa dan jasad yang dimiliki roh. Rohnya merupakan tuannya. Ia mengawal jiwa dan jasadnya dalam kebenaran. Tetapi sejak dia berdosa dan rohnya mati, roh, jiwa dan jasadnya telah menjadi milik badaniah. Apabila manusia menjadi roh hidup, dia dibekalkan hanya kebenaran daripada Tuhan, dan oleh itu dia mempunyai operasi jiwa milik roh. Tetapi Syaitan mengawal jiwa manusia sejak roh manusia mati. Dengan roh yang mati, manusia tidak lagi mempunyai operasi jiwa milik roh.

Namun, selepas seseorang menerima Yesus Kristus, dia akan mendapatkan semula operasi jiwa milik roh sejauh mana dia melahirkan roh melalui Roh Kudus dan mematuhi Firman Tuhan. Pengetahuan dan teori serta fikiran yang salah tidak menyenangkan pada pandangan Tuhan dan akan diubah menjadi kebenaran. Seperti yang ditulis dalam 2 Korintus 10:5, "Kami mematahkan setiap siasat orang dan merobohkan setiap kubu yang dibangun oleh keangkuhan manusia untuk menentang pengenalan akan Tuhan. Kami menawan segala fikiran dan menaklukkannya kepada Kristus."

Manusia secara semula jadi menerima kerja Syaitan sejauh mana mereka mempunyai jiwa yang dimiliki oleh badaniah. Walaupun jika mereka cuba untuk mendapatkan operasi jiwa milik roh, mereka tidak akan berjaya. Oleh itu, mereka perlu terus cuba mengubah operasi jiwa mereka supaya menjadi operasi milik kebenaran dengan mengawal fikiran, kata-kata dan tindakan pada setiap masa. Apabila mereka terus mencuba dengan berdoa secara tekun, mereka akan mendapat operasi jiwa milik roh melalui kasih kurnia dan kuasa Tuhan serta bantuan Roh Kudus.

Jiwa yang termasuk dalam roh mematuhi roh, kerana roh, yang merupakan tuan asal manusia, akan menjalankan tugasnya sebagai tuan. Kemudian, manusia ini akan hanya mempunyai fikiran kebaikan, kasih sayang dan kebenaran, kerana dia hanya mempunyai operasi jiwa milik roh. Contohnya, walaupun jika orang lain bertindak kasar atau melakukan sesuatu yang jahat terhadapnya, orang yang mempunyai operasi jiwa milik roh tidak akan berasa kecil hati. Dia inginkan keamanan dan memahami orang lain tanpa mempunyai apa jua bentuk konfrontasi dengan mereka. Mereka tidak mempunyai perasaan marah, sebaliknya mempunyai simpati terhadap orang lain kerana mempunyai kejahatan dalam diri mereka.

Tentu sekali, walaupun orang yang mempunyai jiwa yang makmur, mereka masih mempunyai dusta yang telah dimasukkan dalam memori mereka. Tetapi, walaupun memori itu masih ada, Syaitan tidak dapat menggunakannya apabila dusta telah disingkirkan daripada hati. Mereka hanya mempunyai operasi jiwa milik roh. Mereka mengikut panduan Roh Kudus, jadi mereka tidak melihat perkara yang tidak sepatutnya mereka lihat. Mereka tidak membuat penilaian atau kutukan, dan mereka hidup berlandaskan kebenaran.

Jika mereka terus mempunyai operasi jiwa milik roh, operasi jiwa milik badaniah akan hilang dengan sendirinya. Mereka mula membenci melihat, mendengar atau bercakap sesuatu yang tidak benar. Ini bermakna bekas dalam hati mereka dipenuhi dengan kebenaran. Kerana dusta telah disingkirkan sepenuhnya daripada hati mereka, dusta akan hilang daripada fikiran mereka juga. Dengan cara ini, jika kita memenuhkan hati hanya dengan kebenaran dan memenuhkannya, kita akan mempunyai jiwa yang dimiliki kebenaran.

Jiwa Mengetahui Segala-galanya Tetapi Hanya Memikirkan Kebenaran

Apabila kita masuk ke Syurga nanti, bukan roh kita sahaja yang akan masuk ke Syurga. Jiwa kita juga akan tersimpan dalam bentuk rohani. Jiwa ini adalah jiwa yang termasuk dalam roh, iaitu roh kebenaran. Hanya sebahagian daripada roh kita yang mana dusta telah disingkirkan keluar dan telah digemburkan sebagai kebenaran akan bersatu dengan jiwa. Adakah ini bermakna yang kita tidak akan tahu apa-apa tentang dusta apabila kita berada di Syurga? Tidak. Kita akan tahu tentang dusta dan dengan lebih terperinci berbanding sekarang.

1 Korintus 13:12 menyatakan, "Kerana sekarang kita melihat dalam cermin suatu gambaran yang samar-samar, tetapi nanti kita akan melihat muka dengan muka. Sekarang aku hanya mengenal dengan tidak sempurna, tetapi nanti aku akan mengenal dengan sempurna, seperti aku sendiri dikenal." Cermin yang digunakan kira-kira 2,000 tahun lalu adalah perak, gangsa atau keluli yang digilap, dan tidak sama dengan cermin zaman moden. Mereka dapat melihat bentuk kasar, tetapi imej tidak begitu jelas dalam cermin. Namun, cermin hari ini adalah amat jelas. Sama juga dengan di Syurga. Kita akan mengetahui segala-galanya dengan jelas dan terang, walaupun perkara yang tidak kita ketahui di dunia

ini.

Selagi kita mempunyai jiwa milik roh, walaupun kita memikirkan tentang perkara yang membawa malu atau penghinaan kepada kita di dunia, kita tidak akan ada perasaan dusta atau marah terhadap hal ini. Kita hanya akan mempunyai fikiran jiwa dan fikiran kebenaran dalam kebaikan, keamanan dan belas ihsan.

Memahami Hati Antara Satu Sama Lain dalam Roh

Hati manusia lain dapat dirasai dan difahami dengan betul di Syurga, dan kita akan dapat memahami dan merasai perasaan orang lain. Mereka tidak mempunyai kejahatan dalam fikiran mereka, dan oleh itu, tidak akan salah faham, prejudis atau penilaian. Terutamanya di Baitulmuqaddis Baru, kita memahami hati satu sama lain dengan sepenuhnya dalam roh. Setiap perkataan yang diucapkan akan mengandungi pertimbangan, kasih sayang dan khidmat serta menyentuh hati orang lain. Mereka memahami hati Tuhan Bapa, Yesus dan orang lain dengan baik, jadi mereka memahami apa jenis minda dan fikiran yang dimiliki Tuhan semasa mereka menjalani penggemburan manusia di Dunia; mereka juga akan faham apa jenis perasaan yang dirasai Yesus semasa di atas salib.

Pernah sekali melalui inspirasi, Tuhan membenarkan saya merasai hati Musa. Saya bertemu Musa yang berdiri dalam cahaya yang terang, dan dia dipenuhi dengan aroma kebaikan. Apabila dia memegang tangan saya, kasih sayang Tuhan diberikan kepada saya. Apabila dia membuka mulutnya untuk bercakap, dia mempunyai keberanian dan maruah seperti yang dimilikinya semasa menyampaikan Firman Tuhan kepada anak-anak Israel di padang pasir.

Musa memberitahu saya tentang perkara-perkara semasa zaman kanak-kanaknya di istana di Mesir. Dia memberitahu saya bagaimana dia mula belajar tentang Tuhan yang Maha Berkuasa, dan dia adalah orang Yahudi melalui pengasuhnya, yang merupakan ibunya. Dia memberitahu saya tentang keadaan di mana bangsa Israel memuja berhala semasa di padang pasir dan apakah perasaan dan emosi yang dialaminya sebagai pemimpin Keluaran. Air mata Musa bergenang mengenangkan saat-saat ini.

Apabila seseorang mengalirkan air mata apabila mengenangkan perkara yang berlaku di dunia ini, air mata mereka akhirnya akan bertukar menjadi cahaya yang indah. Orang yang mendengar apa yang diperkatakan juga akan merasakan kebaikan dan kasih sayang untuk jiwa yang akan menggerakkan hati.

Mereka sekali lagi akan berterima kasih atas kasih sayang Tuhan yang telah memberikan mereka kegembiraan di Syurga dan memberikan keagungan kepadaNya daripada hati mereka. Mereka mengasihi Tuhan dengan sepenuh hati, minda, dan jiwa, dan kasih sayang mereka tidak pernah berubah. Mereka benar-benar memahami kehendak Tuhan, iaitu Dia ingin mendapatkan anak-anak sejati untuk berkongsi kasih sayang denganNya, walaupun ini bermakna Dia perlu melalui banyak perkara yang menyakitkan dalam proses penggemburan manusia. Ini sebabnya mereka akan berterima kasih selama-lamanya dari lubuk hati mereka.

Jasad Milik Roh

Seperti roh hidup, Adam bukanlah sempurna, roh yang tidak mengetahui tentang badaniah adalah tidak sempurna. Dengan cara yang sama, badaniah yang tidak mengetahui roh tidak mempunyai nilai. Semua orang yang tidak menerima Yesus Kristus sebagai penyelamat peribadi mereka adalah manusia badaniah. Kerana ini mereka tidak akan dapat benar-benar mengetahui tentang kerajaan Tuhan dan dunia rohani. Mereka akhirnya akan menderita dalam api Neraka yang abadi. Jadi, apakah nilai mereka? Hanya manusia yang mengetahui dunia fizikal dan dunia rohani, dan menyingkirkan badaniah untuk masuk ke dalam roh adalah manusia yang mempunyai nilai.

Sejauh mana kita menggembur keimanan dalam hati, badaniah kita juga akan berubah kepada milik roh. Orang yang lemah dan sakit akan menjadi sihat sejauh mana mereka berubah menjadi roh walaupun mereka belum benar-benar disucikan.

Apabila kita masuk ke dalam roh, roh kita akan memeluk jiwa dan jasad supaya semuanya bergerak sebagai satu entiti. Walaupun kita hidup dalam dunia fizikal, kita mengawal jiwa dan jasad melalui roh, jadi ia adalah sama seolah-olah kita hidup dalam ruang rohani. Sejauh mana kita mendapatkan semula imej Tuhan yang hilang disebabkan dosa Adam, kita dapat berkomunikasi dengan jelas dengan Tuhan dan menerima rahmat dan semua perkara akan berjalan lancar dalam hidup kita.

Apabila kita menjadi manusia roh, proses penuaan akan dilambatkan, dan selain itu kita akan masuk ke dalam sempurna, dan akan dibangkitkan semula. Dalam kes Musa, matanya tidak rabun dan kekuatannya kekal sehingga dia meninggal dunia pada usia 120 tahun. Ibrahim mendapat anaknya, Ishak walaupun dia sudah terlalu tua untuk mendapat anak. Selain itu, 40 tahun selepas Ishak dilahirkan, dia mendapat enam orang anak lagi (Kejadian 25). Dalam kes Elia dan Henokh, mereka menyingkirkan semua jenis badaniah dan masuk ke tahap roh yang amat mendalam sehingga mereka menunjukkan ciri-ciri Tuhan. Atas sebab ini, mereka tidak lagi berada di bawah undang-undang dunia roh yang menyatakan bahawa balasan dosa adalah kematian, dan oleh itu mereka dapat mengelak daripada kematian.

Jasad Yang Tidak Memerlukan Makanan

Apabila anak Tuhan masuk ke kerajaan syurga, mereka akhirnya akan mendapat jasad syurgawi yang disempurnakan. Jasad mereka tidak akan musnah atau reput dan mereka akan menikmati kehidupan abadi. Matius 26:29 menyatakan, "Akan tetapi Aku berkata kepadamu: mulai dari sekarang Aku tidak akan minum lagi hasil pokok anggur ini sampai pada hari Aku meminumnya, iaitu yang baru, bersama-sama dengan kamu dalam Kerajaan BapaKu."

Yesus yang dibangkitkan semula tidak akan makan apa-apa kerana Dia akan menunggu untuk makan bersama penganut yang diselamatkan selepas penggemburan manusia telah berakhir. Sama seperti Yesus yang dibangkitkan semula, kita tidak perlu makan untuk meneruskan hidup apabila kita mempunyai tubuh rohani.

Tetapi aroma dan elemen yang terkandung dalam makanan di Syurga mempunyai kesan yang baik terhadap bentuk rohani, jadi mereka boleh makan atau menghidu aroma ini. Mereka dapat menghidu aroma bunga atau buah-buahan, dan mereka bukan sahaja boleh menghidu melalui hidung, malah juga seluruh tubuh dan melalui hati. Semasa manusia dahulunya menawarkan korban haiwan pada zaman Perjanjian Lama, Tuhan menghidu aroma hati yang datang daripada manusia yang menawarkan korban. Hari ini pun, apabila kita menawarkan ibadat, puji-pujian dan persepuluhan, Tuhan menerima aroma daripada hati kita.

Dengan menghidu aroma, lebih banyak kegembiraan dan keseronokan akan dirasai di Syurga. Di dunia ini pun, kita berasa lebih gembira apabila kita makan pelbagai jenis makanan. Sama juga, jasad rohani turut bergembira dengan menghidu pelbagai aroma. Di Syurga, kita tidak akan berasa penat, dan kita akan rasakan tahap kegembiraan dan kepuasan yang sama walaupun kita menghidu aroma yang sama setiap masa. Apabila kita menghidu bau buah dan bunga, ia diserap ke dalam tubuh buat seketika dan kemudian dikembalikan ke udara. Hati manusia akan dipenuhi dengan lebih banyak kegembiraan melalui proses ini.

Tiada Sisa Kumuh Tubuh

Jasad syurgawi yang disempurnakan adalah jasad. Ia dapat menghidu dan makan makanan. Ia dapat makan pelbagai jenis buah-buahan dan minum pelbagai jenis minuman yang diperbuat daripada air kehidupan. Sebagai tambahan, kepada 12 buah daripada pokok kehidupan, ada banyak jenis buah lain di Syurga, dan kita boleh makan sebanyak mana buah yang kita mahu. Di sini juga terdapat banyak jenis minuman.

Di Syurga, adakah kita akan makan makanan sama yang kita sukakan ketika di dunia? Adakah wujud daging, roti dan kek di Syurga? Adakah kita akan rindukan makanan di dunia? Apabila kita masuk ke Syurga, kita tidak akan mahu makan makanan yang kita biasa makan di dunia. Apabila kita mempunyai jasad yang paling sesuai dengan ruang syurga ketiga, kita boleh hidup selama-lamanya tanpa makan.

Tapi tentulah, anda mungkin akan teringat makanan tertentu yang anda sukakan di dunia dan anda mahu makan sesuatu yang serupa di Syurga. Anda mungkin akan menyediakan makanan yang serupa dengannya. Tetapi memandangkan buah-buahan dan minuman di Syurga mempunyai rasa yang lebih enak, anda tidak akan mahu menikmati makanan fizikal yang anda pernah makan dahulu.

Apabila kita makan sesuatu di Syurga, ia akan tercerna dan dikeluarkan melalui respirasi, jadi tidak akan ada apa jua bentuk bahan kumuh seperti di dunia. Makanan yang dimakan akan dikeluarkan secara semula jadi melalui nafas, kekal wangi untuk beberapa lama dan akhirnya hilang di udara. Betapa mudahnya dan menakjubkan! Kita tidak perlu mencerna atau mengeluarkan bahan kumuh lagi seperti di dunia! Di Syurga, tentulah tidak wujud tandas yang akan mengeluarkan bau yang kurang menyenangkan. Di Syurga, kita akan mempunyai jasad syurgawi yang sempurna.

Hal ini sama bagi semua tempat tinggal dalam kerajaan syurga. Tetapi jika kita mempunyai lebih banyak jiwa milik badaniah dan kurang jiwa milik roh, kehebatan bentuk rohani ini akan terjejas. Bergantung kepada sejauh mana kita menggembur jiwa menjadi milik roh, kita akan diberikan tempat tinggal di Firdaus, Kerajaan Pertama Syurga, atau Kerajaan Kedua Syurga. Kita akan dapat masuk ke Kerajaan Ketiga Syurga atau Baitulmuqaddis Baru hanya apabila kita menjadikan jiwa kita milik roh sepenuhnya tanpa mana-mana bahagian jiwa yang dimiliki badaniah.

Tuhan membenarkan kita menuai apa yang ditanam dan memberikan ganjaran apabila kita beramal dalam kasih sayang dan keadilanNya. Tempat tinggal di syurga dan kedudukan di syurga akan ditentukan bergantung kepada kecerahan cahaya rohani kita, dan oleh itu, kita patut mencuba, dengan berdoa, untuk menjadi manusia yang mempunyai roh, jiwa dan jasad yang dimiliki roh.

3. Hadiah Tuhan

Tuhan telah menyediakan hadiah untuk anak-anak yang diselamatkan, iaitu kehidupan abadi dalam kerajaan syurga. Kita akan mendapat tempat tinggal berbeza di syurga, bergantung kepada bagaimana kita melalui penggemburan manusia di syurga dan menjadi manusia yang mencari hati Tuhan.

Projek besar Tuhan untuk menuai penganut yang merupakan 'gandum' tuaian masih berlaku hari ini. Dia mencari orang yang percaya dengan kuasa dan sifat suci Tuhan yang dilihat dalam alam semula jadi, dan manusia yang hidup berdasarkan Firman Tuhan. Ini adalah jiwa yang jernih dan indah seperti kristal. Alkitab memberitahu kita tentang kisah akhir zaman. Manusia yang telah bangun dari segi rohani dapat merasakan bahawa penamat penggemburan manusia sudah semakin hampir.

Sejak kejatuhan Adam, manusia melahirkan keturunan yang ramai dan membina tamadun. Mereka juga menjalani kehidupan, penuaan, penyakit dan mengalami kematian. Selepas tamat penggemburan manusia, Tuhan akan menjemput semua penganut untuk naik ke 'udara', yang terletak di kerajaan kedua syurga. Dia akan menganjurkan jamuan perkahwinan yang 'menakjubkan' dan membenarkan kita berkongsi kasih sayang dengan Yesus selama tujuh tahun.

Wahyu 19:7-9 menerangkan hal ini:

Marilah kita bersukacita dan bersorak-sorai, dan memuliakan Dia! Kerana hari perkahwinan Anak Domba telah tiba, dan pengantinNya telah siap sedia. Dan kepadanya dikurniakan supaya memakai kain lenan halus yang berkilau-kilauan dan yang putih bersih!" (Lenan halus itu adalah perbuatan-perbuatan yang benar dari orang-orang kudus.) Lalu ia berkata kepadaku: „Tuliskanlah: Berbahagialah mereka yang diundang ke perjamuan kahwin Anak Domba.'" Katanya lagi kepadaku: „Perkataan ini adalah benar, perkataan-perkataan dari Tuhan."

Kasih sayang Tuhan tidak berakhir di sini. Selepas tamat jamuan perkahwinan, sama seperti pasangan pengantin baru yang akan berbulan madu selepas selesai jamuan perkahwinan, Tuhan akan membenarkan kita turun ke dunia dengan Yesus dan memerintah denganNya selama 1,000 tahun. Dia akan memperbaharui Syurga Pertama, yang merupakan pentas penggemburan manusia, dan membenarkan penganut yang diselamatkan berkongsi kasih sayang dengan Yesus sebanyak yang mungkin.

Wahyu 20:6 menyatakan, "Berbahagia dan kuduslah ia, yang mendapat bagian dalam kebangkitan pertama itu. Kematian yang kedua tidak berkuasa lagi atas mereka, tetapi mereka akan menjadi imam-imam Tuhan dan Kristus, dan mereka akan memerintah sebagai raja bersama-sama dengan Dia, seribu tahun lamanya."

Tuhan akan menunjukkan hadiah dan ganjaran yang telah disediakan untuk anak-anakNya yang dikasihi selepas Kerajaan Milenium berakhir. Dalam Penghakiman Agung Arasy Putih, Dia akan memberikan ganjaran untuk apa yang dilakukan di dunia, dan Dia akan menetapkan tempat tinggal mereka di Syurga bergantung kepada ukuran keimanan masing-masing. Mereka diberikan tempat tinggal tetap di syurga ketiga, yang merupakan tempat yang bebas air mata, kesedihan, kesakitan, penyakit dan kematian, supaya mereka dapat menjalani hidup yang dipenuhi kebaikan, kasih sayang, keseronokan dan kegembiraan dalam jasad syurgawi yang telah disempurnakan.

Yesus berjanji dalam Yohanes 14:2-3, "Di rumah BapaKu banyak tempat tinggal. Jika tidak demikian, tentu Aku mengatakannya kepadamu. Sebab Aku pergi ke situ untuk menyediakan tempat bagimu. Jika Aku pergi dan menyediakan tempat untuk kamu, Aku akan kembali dan menerima kamu kepada diriKu, di mana Aku berada, di sana ada kamu juga."

Bagaimanakah kerajaan syurga yang abadi ini, dan apa jenis kehidupan yang akan kita jalani di sana?

Syurga Baru dan Bumi Baru

Langit di Syurga adalah bersih dan biru. Tuhan menjadikan langit berwarna biru kerana ia membolehkan kita merasakan kedalaman, ketinggian dan kejelasan. Dia mahukan anak-anakNya yang disayangi untuk hidup gembira selama-lamanya dan mempunyai hati yang jernih dan indah seperti kristal.

Terdapat juga awan di langit dalam kerajaan syurga. Awan adalah bentuk hiasan yang menambahkan keindahan. Awan menambah kegembiraan dalam hati penduduk syurga. Apabila manusia di Baitulmuqaddis Baru mengingati dan memuji kasih sayang Tuhan dengan melihat ke langit malaikat membaca fikiran tuan mereka dan kadang kala membentukkan awan berbentuk hati atau menulis sesuatu pada awan.

Di Syurga, cahaya di sana adalah cahaya keagungan Tuhan, yang tidak dapat dibandingkan dengan cahaya matahari. Ia bersinar di setiap penjuru dari Baitulmuqaddis Baru sehingga ke Firdaus (Wahyu 22:5).

Cahaya keagungan Tuhan ini amat jelas dan terang sehinggakan sekiranya ia bersinar kepada penduduk di Firdaus, mereka mungkin tidak akan dapat mengangkat kepada disebabkan cahaya yang begitu terang. Atas alasan ini, Tuhan secara perlahan-lahan mengurangkan keterangan cahaya di tempat tinggal lain selain Baitulmuqaddis Baru. Apabila anda bergerak menjauhi Baitulmuqaddis Baru dan Kerajaan Ketiga Syurga dan masuk ke Kerajaan Kedua Syurga, Kerajaan Pertama Syurga, dan Firdaus, kadar keterangan cahaya ini semakin berkurangan.

Dengan kuasa Tuhan, terdapat empat musim—bunga, panas, luruh dan sejuk—di Syurga. Syurga tidak memerlukan empat musim, tetapi Tuhan menyediakannya untuk anak-anakNya supaya mereka dapat menikmati alam sekitar semula jadi yang berbeza pada setiap musim. Mereka dapat melihat daun gugur pada musim luruh dan juga salji pada musim sejuk.

Tuhan menciptakan segala-galanya dengan sempurna dan indah supaya kita dapat merasakan keindahan seperti yang dialami pada setiap musim di dunia. Tetapi ini tidak bermakna bahawa Syurga akan 'sejuk' atau 'panas' dan berkaitan dengan musim dan cuaca. Ada perbezaan musim yang tertentu tetapi ia tidak akan ditandakan dengan suhu panas atau sejuk sesuatu musim. Suhu di sini amat sesuai untuk didiami setiap masa.

Tanah di Syurga tidak diperbuat daripada debu tetapi emas, perak dan pelbagai batu berharga. Keluli mempunyai kepadatan sederhana di dunia, tetapi apabila dalam bentuk serbuk, ia akan dapat diterbangkan angin. Tetapi jika ia dalam bentuk bola, ia tidak akan diterbangkan angin. Emas, perak dan batu berharga lain berbentuk sfera, jadi tiada habuk di Syurga.

Jalan Emas dan Jalan Batu Permata

Di setiap tempat tinggal di Syurga, akan ada jalan emas. Kilauan yang datang daripada jalan emas berbeza dari satu tempat ke satu tempat di Syurga. Lebih dekat anda dengan Baitulmuqaddis Baru, lebih terang kilauan emasnya. Tidak seperti emas tulen di dunia, emas di Syurga bersifat keras, tetapi amat lembut apabila anda berjalan di atasnya. Di dunia, sekeping emas sebesar tapak tangan manusia amat sukar dicari. Tetapi, apabila anda melihat jalan raya yang bersinar seperti kaca, dapatkah anda bayangkan betapa menakjubkan hal ini? Emas tulen melambangkan kualiti keimanan rohani yang tidak berubah. Keterangan sinaran jalan emas di setiap tempat tinggal berbeza kerana tempat tinggal syurgawi akan ditentukan oleh ukuran keimanan seseorang.

Tuhan tidak meletakkan kepentingan yang tinggi terhadap emas di Firdaus. Namun, apabila anda bergerak dari Kerajaan Pertama Syurga ke Kerajaan Kedua Syurga dan Kerajaan Ketiga Syurga, penduduknya akan menjadi lebih dekat dengan ukuran keimanan sempurna, jadi emas tulen di setiap tempat tinggal yang lebih tinggi akan mempunyai makna yang lebih mendalam, yang akan terserlah melalui sinaran keemasannya.

Sebagai tambahan kepada jalan emas, akan ada jalan lain seperti jalan bunga dan jalan batu permata. Ada juga jalan di mana dengan kuasa Tuhan, akan akan dibawa pergi ke mana sahaja dengan hanya berdiri di atas jalan ini. Bentuk rohani amat ringan, seolah-olah ia tidak mempunyai berat langsung. Jadi jika anda berjalan di atas bunga, bunga tidak akan rosak. Bunga-bunga amat gembira dan mengeluarkan lebih banyak haruman apabila anak-anak Tuhan mendekatinya.

Jalan batu permata mempunyai banyak batu berharga yang mengeluarkan cahaya indah. Jika anda memijaknya, ia akan mengeluarkan lebih banyak cahaya indah. Tetapi jalan batu permata tidak dapat dilihat di mana-mana sahaja di kerajaan syurga. Ia dibina hanya di sekitar rumah orang yang menyerupai Yesus secara keseluruhan dan memberikan sumbangan dalam memenuhi takdir Tuhan berkenaan penggemburan manusia.

Sungai Air Kehidupan

Sungai Air Kehidupan bermula dari arasy Tuhan. Ia mengalir di seluruh kerajaan syurga dan kembali ke asal. Sungai ini jernih dan bersih seperti kristal, dan ia mengalir dengan senyap seolah-olah ia tidak mengalir langsung. Ia tidak memeluwap atau tercemar langsung. Ia seperti ombak laut yang bersinar seperti permata yang memantulkan cahaya matahari pada hari yang terang. Ia mewakili hati Tuhan yang merupakan sumber air kehidupan yang membangkitkan semula semua benda hidup. Hati Tuhan amat indah, bersinar terang dan bebas daripada cela dan kekotoran. Ia sempurna dari segala segi.

Sungai air kehidupan yang mengalir melalui seluruh kerajaan syurga bermakna Tuhan memerintah atas segala jiwa di Syurga, membenarkan mereka hidup gembira setiap hari dengan kasih kurniaNya. Rasa air kehidupan agak manis dan tidak pernah kita rasakan di dunia ini. Ia memberikan kita kehidupan, kekuatan dan kegembiraan apabila kita meminumnya.

Wahyu 22:2 menyatakan yang ia mengalir di tengah-tengah jalan. Jadi, di kedua-dua belah tebing sungai adalah jalan. Ia bermula dari arasy Tuhan dan mengalir ke setiap penjuru kerajaan syurga, jadi jika anda berjalan di sepanjang jalan di salah satu tebing sungai, anda akhirnya akan sampai ke arasy Tuhan. Hal ini melambangkan bahawa jika kita hidup berpandukan Firman Tuhan, yang diwakili oleh air kehidupan, kita bukan sahaja akan tiba ke kerajaan syurga tetapi juga akan tiba ke tempat tinggal paling indah di Syurga, iaitu Baitulmuqaddis Baru.

Di antara sungai air kehidupan dan jalan raya di kedua-dua tebing, ada tebing pasir emas dan perak. Walaupun keras, pasir berbentuk bola di Syurga terasa lembut. Manusia tidak akan tercedera jika mereka bergolek atau berlari di atasnya, dan mereka tidak akan tercalar disebabkan pasir ini. Pasir ini tidak akan diterbangkan angin dan ia tidak akan melekat seperti debu pada pakaian syurga.

Anda juga boleh berenang dalam sungai ini. Walaupun anda tidak tahu berenang di dunia ini, anda akan dapat berenang dengan bebas di Syurga. Untuk berenang di dunia, kita lazimnya perlu memakai pakaian renang. Tetapi air di Syurga tidak akan menembusi pakaian Syurga. Ia bergolek daripada permukaan kain. Jadi anda boleh berenang bebas dengan memakai pakaian biasa.

Ada bangku-bangku yang dibina di jalan emas yang terbentang di kiri dan kanan sungai. Di sekelilingnya ada 12 jenis buah daripada pokok kehidupan. Wahyu 22:2 menyatakan, "Di tengah-tengah jalan kota itu, iaitu di seberang-menyeberang sungai itu, ada pohon-pohon kehidupan yang berbuah dua belas kali, tiap-tiap bulan sekali..." Ini tidak bermakna buah akan jatuh dan akan digantikan dengan buah lain setiap bulan. Ini bermakna 12 jenis buah ini akan sentiasa ada.

Buah kehidupan adalah sebesar tembikai, tetapi bentuknya seperti buah epal. Ia berwarna kemerah-merahan, dan warnanya amat cantik. 12 buah ini agak berbeza dari segi sinar, saiz, bentuk dan rasa. Jika seseorang memetik buah, sebiji buah baru akan tumbuh serta-merta untuk menggantikannya. Ia lebih wangi daripada buah-buahan di dunia dan rasanya amat sedap dan sukar untuk digambarkan. Ia cair di dalam mulut anda seperti gula-gula kapas.

Dalam satu visi, Tuhan pernah menunjukkan saya satu kejadian yang berlaku di tebing sungai kehidupan. Anak-anak Tuhan sedang duduk di atas bangku yang dihias dengan emas dan batu berharga. Mereka sedang berbual dengan seronok. Jika mereka terfikir untuk makan buah kehidupan semasa mereka sedang berbual, malaikat yang bertugas akan membaca fikiran mereka dan membawakan buah dalam bakul emas. Anda boleh menikmati pemandangan sungai semasa duduk di atas bangku dengan orang tersayang di sekeliling anda, atau anda boleh berbual dengan mereka sambil berjalan. Betapa gembiranya kehidupan seperti ini!

Haiwan dan Tumbuh-tumbuhan di Syurga

Di Syurga, ada pelbagai jenis haiwan, banyak burung, ikan dan sebagainya. Ada sesetengah haiwan yang tidak wujud di dunia dan ada yang wujud di dunia tetapi tiada di Syurga. Haiwan yang dianggap tidak baik dalam Imamat 11 tidak akan dijumpai di Syurga.

Haiwan di Syurga adalah sedikit lebih besar berbanding haiwan di dunia. Haiwan ini lebih megah tetapi bersifat lembut dan patuh. Bulu haiwan mamalia dan bulu burung memberikan sinaran terang dan haruman lembut. Singa di Syurga juga tidak ganas, malah lemah-lembut. Bulu yang bersih dan berwarna keemasan amat cantik dipandang.

Haiwan di Syurga mengalu-alukan kedatangan anak-anak Tuhan dan gembira apabila melihat mereka. Terutamanya di Baitulmuqaddis Baru, akan ada manusia yang menerima haiwan sebagai haiwan peliharaan, malah juga zoo sebagai ganjaran. Haiwan ini membuat aksi comel untuk menyenangkan hati tuannya. Ini bukanlah kerana ia memahami fikiran tuan, disebabkan ia mempunyai jiwa. Ia sama seperti malaikat yang mematuhi perintah Tuhan, haiwan di Syurga, yang merupakan makhluk rohani, secara automatik akan berkelakuan dengan cara ini untuk disayangi oleh tuannya.

Di Syurga, ada banyak jenis tumbuh-tumbuhan termasuklah pokok kehidupan, pokok buah-buahan lain dan pokok bunga. Tumbuhan di dunia mendapat nutrien daripada akar dan melalui proses fotosintesis untuk menghasilkan sumber tenaga. Namun, tumbuhan di syurga hidup selama-lamanya tanpa proses ini, tetapi dengan kuasa kehidupan yang diberikan oleh Tuhan. Akar pokok ini tidak menyerap nutrien. Ia hanya menyerlah ciri-ciri setiap tumbuhan. Tentu sekali, bentuk bunga, haruman, dan buah dapat menunjukkan ciri-ciri perbezaan, tetapi akar juga adalah cara untuk menunjukkan perbezaan ini.

Tumbuhan di Syurga mengeluarkan bau kuat yang unik tetapi lembut. Ia mungkin akan menggoncangkan atau melenturkan rantingnya untuk menyatakan sesuatu makna. Ia boleh bergerak seperti malaikat yang menari dengan iringan lagu puji-pujian. Ia juga memuji Tuhan dengan mengelaurkan haruman sebanyak yang mungkin.

Daun, bunga atau buah tidak akan gugur walaupun setelah sekian lama. Aroma dan warnanya juga tidak pernah berubah. Jika anda memetik bunga, bunga baru akan tumbuh serta-merta untuk menggantikannya. Sama juga halnya dengan buah-buahan. Bunga yang dipetik juga tidak akan layu dan kesegarannya berkekalan. Jika anda mahu menyimpan bunga, ia akan tahan selama mana yang anda mahu. Jika anda mahu membuangnya, ia akan hilang perlahan-lahan di udara. Sesetengah buang mengeluarkan haruman yang lebih kuat apabila ia dihancurkan menjadi serbuk. Jika anda mahu, anda boleh menyimpannya dalam botol selama mana yang anda inginkan.

Setiap tumbuhan mempunyai baunya yang unik. Ia mempunyai bau yang segar, harum, lembut atau megah. Haruman dalam setiap tempat tinggal di syurga mempunyai makna yang berbeza. Contohnya, bunga ros di Firdaus adalah salah satu daripada bunga di sana. Tetapi dalam rumah seorang individu di Baitulmuqaddis Baru, hati pemiliknya akan terkandung dalam haruman bunga ros di rumah. Apabila ada tetamu yang datang melawat, bunga ros akan mengeluarkan haruman tertentu kepada tetamu untuk menggambarkan hati pemiliknya. Bunga ros dalam pelbagai rumah di Baitulmuqaddis Baru akan mengelaurkan haruman yang berbeza.

Sesetengah tumbuhan di Baitulmuqaddis Baru juga tidak wujud di tempat tinggal yang lain. Jumlah jenis bunga semakin berkurangan dari Baitulmuqaddis Baru turun ke Firdaus. Kebebasan untuk menggunakan bunga secara peribadi juga semakin berkurangan. Keselesaan untuk duduk di atas padang rumput dan warna padang rumput berbeza juga di setiap tempat tinggal.

Segala-galanya di Syurga, termasuklah haiwan dan tumbuhan, disediakan oleh Tuhan untuk anak-anakNya yang diselamatkan. Bagi anak-anak Tuhan yang hidup hanya berpandukan kehendak Tuhan di dunia akan diberikan segala-gala yang mereka mahukan di Syurga.

Kehidupan Kebudayaan di Syurga

Tuhan telah menyediakan pelbagai kemudahan rekreasi di

setiap tempat tinggal untuk memberikan lebih banyak kegembiraan dan keseronokan kepada anak-anakNya. Kemudahan ini lebih besar daripada taman tema terbesar di dunia. Ada banyak benda menarik di sini.

Memandangkan kita mempunyai jasad syurgawi sempurna di Syurga, kita tidak akan mempunyai rasa takut. Anda tidak akan takut dengan mana-mana permainan, seperti roller coaster. Anda hanya akan berasakan keseronokan. Selain taman tema, ada banyak perkara lain untuk hiburan, rekreasi dan keseronokan. Kita juga akan ada hobi untuk meningkatkan bakat tertentu di Syurga, sama seperti yang kita lakukan di dunia.

Kita dapat menikmati perkara yang kita suka di dunia. Selain itu, jika ada perkara yang kita tahan diri daripada lakukan di dunia, untuk mencapai lebih banyak kerja Tuhan, kita akan dapat menikmatinya di sini sebanyak yang kita mahu. Kita juga akan mempelajari perkara baru. Contohnya, kita boleh belajar bermain alat muzik seperti biola, seruling atau hap. Di Syurga, semua orang bijaksana dan hebat, jadi kita boleh belajar perkara baru dengan cepat.

Sukan di Syurga tidak melibatkan suka yang menyebabkan kecederaan atau kemalangan kepada orang lain. Akan ada peraturan tertentu bagi setiap permainan juga. Kita boleh adakan pasukan sukan seperti bola tampar, bola keranjang, bola sepak atau bola lisut. Akan ada juga permainan individu seperti tenis, ski, boling, golf dan berenang. Kita juga dapat menikmati sukan seperti geluncur angin, meluncur angin, atau belayar. Kemudahan dan kelengkapan sukan di Syurga adalah bebas kemalangan dan dihias dengan emas dan batu permata untuk menambahkan kegembiraan kita.

Syurga bukanlah tempat di mana kita akan berasa gembira dengan memenangi pertandingan. Kita akan dapat cukup kegembiraan dan kepuasan hanya dengan bermain permainan ini. Jadi apakah makna permainan yang tiada pemenang, anda mungkin bertanya? Kerana tiada kejahatan dalam Syurga, memberikan kegembiraan dan manfaat kepada orang lain adalah dianggap kemenangan.

Namun, tentulah ada juga permainan di mana anda akan berasa seronok dengan sedikit semangat persaingan yang sihat. Contohnya, manusia menghidu haruman bunga sebanyak yang mungkin dan menghembuskan nafas di hadapan orang lain. Markah akan diberikan berdasarkan betapa anda menyenangkan hati Tuhan dengan menghembuskan haruman, bergantung kepada betapa baiknya anda menggabungkan pelbagai aroma. Ini adalah pertandingan berkenaan berapa banyak anda dapat menyenangkan hati orang lain, dan ini juga amat menyenangkan pada pandangan Tuhan. Ada banyak jenis hiburan di Syurga yang memberikan lebih banyak keseronokan berbanding apa sahaja di dunia. Ia tidak menyebabkan keletihan seperti permainan arked atau permainan video, dan anda tidak akan pernah berasa bosan dengan apa pun.

Anda juga boleh menonton wayang di Syurga. Dalam panggung wayang, anda akan dapat menonton kejadian penting yang berlaku sepanjang penggemburan manusia. Penciptaan, bah Nuh, Keluaran, dakwah Yesus, takdir salib, kerja berapi Roh Kudus pada akhir zaman, dan kisah setiap bapa keimanan akan dijadikan filem.

Contohnya, anda dapat menonton filem tentang kehidupan hawari Paulus. Anda akan dapat melihat bagaimana dia bertemu Yesus dan bagaimana dia mengabdikan seluruh hidupnya dengan kasih sayang terhadap Yesus. Anda dapat melihat perincian yang tidak dicatatkan dalam Alkitab. Anda akan menonton hidup Paulus seolah-olah anda berada bersamanya dalam kejadian seperti dia dihukum dengan kejam—yang melampaui tahap yang dapat diterima oleh manusia. Anda dapat mengalami sendiri pengalaman Filipi dipenjarakan, dan mengucapkan syukur kepada Tuhan dan memujiNya dengan lebih mendalam semasa berada di laut, selepas dihalau dari kapal. Betapa mengharukan!

Kenderaan di Syurga

Kita boleh melawat tempat-tempat misteri dan indah dalam kerajaan syurga. Akan ada suasana yang unik dan menakjubkan di mana sahaja kita pergi. Memandangkan kita berada dalam jasad syurgawi yang sempurna, kita tidak akan letih walaupun setelah berjalan untuk tempoh yang lama. Hati roh tidak pernah berubah, jadi kita tidak akan bosan walaupun kita melawat tempat yang sama.

Akan ada pelbagai jenis kenderaan untuk bergerak ke sana-sini. Ada kenderaan awam seperti kereta api syurgawi. Ada juga kenderaanmilik peribadi seperti kenderaan awan atau pedati emas. Kereta api syurgawi ini dihias dengan batu permata pelbagai warna, dan ia memberikan keselesaan maksima kepada penumpang. Suasana di luar tingkap juga amat menakjubkan. Apabila penganut di Firdaus dijemput untuk melawat Baitulmuqaddis Baru, mereka akan pergi menaiki kereta api syurgawi. Kereta api ini sebenarnya boleh terbang di langit pada kelajuan yang amat tinggi.

Walaupun ia dinamakan kenderaan awan, ia bukanlah diperbuat daripada asap, tetapi daripada awan keagungan. Ia menambahkan keindahan kehidupan syurga. Apabila anda menaiki kenderaan awan, ia membuatkan orang lain berasa kemegahan dan kekuasaan anda. Apabila Yesus kembali, Dia akan datang dalam awan (1 Tesalonika 4:16-17; Wahyu 1:7). Ini kerana ia akan kelihatan lebih megah, terpuji dan indah untuk datang dalam awan keagungan.

Tuhan memberikan kenderaan awan kepada orang yang masuk ke Kerajaan Ketiga Syurga dan ke atas. Dalam Kerajaan Ketiga Syurga, kenderaan adalah untuk kegunaan awam, tetapi di Baitulmuqaddis Baru, ia diberikan untuk kegunaan peribadi. Dengan ini, memiliki kenderaan awan menunjukkan keagungan pemiliknya.

Manusia yang berada di Baitulmuqaddis Baru juga boleh pergi berjalan-jalan dengan Yesus dengan menaiki kenderaan awan. Kenderaan syurga biasanya dipandu oleh malaikat. Sesetengah daripadanya adalah kecil seperti kereta, manakala ada juga yang lebih besar dan mempunyai banyak tempat duduk untuk lebih ramai penumpang. Reka bentuk, warna dan perhiasannya juga berbeza. Ada juga kenderaan awan yang diperbuat daripada cebisan kecil awan. Yang ini digunakan untuk perjalanan jarak dekat. Ia mengambil penumpang dan menurunkannya dengan perlahan di destinasi, contohnya seperti kereta golf yang digunakan semasa bermain golf!

Jemaah Puji-pujian dan Pendidikan di Syurga

Kita akan menghadiri jemaah puji-pujian di Syurga juga. Tuhan sendiri yang akan menyampaikan mesej. Kita akan belajar tentang dunia rohani dengan lebih terperinci termasuklah asal-usul Tuhan, Permulaan Masa, dan keabadian. Kita juga akan mempunyai masa untuk mendengar kata-kata Yesus. Kita juga akan berbual dengan Tuhan, Yesus dan Roh Kudus, dan inilah doa di Syurga. Kita juga akan memuji Tuhan dengan lagu-lagu baru.

Di Syurga, jika anda perlu melawat tempat yang lebih tinggi tahapnya daripada tempat tinggal anda, anda perlu menukar pakaian kepada yang bersesuaiaan dengan tempat dan majlis. Jemaah doa yang diadakan di Baitulmuqaddis Baru akan disiarkan ke seluruh tempat, jadi semua orang boleh menghadiri jemaah ini di mana-mana sahaja di Syurga. Namun, kita tidak memerlukan peralatan yang rumit untuk hal ini. Malaikat akan mengeluarkan sehelai kain yang besar, yang akan menjadi skrin video. Cahaya dan warna akan disesuaikan secara automatik menurut setiap tempat tinggal, supaya mereka dapat menonton video yang jelas yang membuatkan mereka berasa seperti mereka berada di sana.

Cahaya perlu disesuaikan di setiap tempat tinggal kerana, jika cahaya Tuhan disiarkan tanpa disesuaikan, penduduk di Kerajaan Ketiga dan ke bawah tidak akan dapat melihatNya secara terus kerana cahaya yang amat terang. Penduduk di Kerajaan Kedua dna ke bawah mungkin tidak akan dapat mengangkat kepala mereka pun untuk melihat wajah Tuhan Bapa di skrin, kerana hati nurani mereka tidak akan membenarkannya.

Ini terutamanya dirasai oleh penduduk di Firdaus yang menerima 'penyelamatan malu'. Mereka tidak dapat melihat ke skrin video pun kerana malu dan segan. Selain daripada Tuhan sebagai penceramah pada jemaah doa, anda boleh menjemput Yesus, Roh Kudus, atau bapa keimanan seperti Musa dan Paulus untuk berucap pada jemaah doa begini.

Kita akan terus belajar perkara baru walaupun setelah masuk ke Syurga. Kerajaan syurga tiada penghujungnya, dan oleh itu tidak kira berapa banyak kita belajar, kita tidak akan tahu segala-galanya tentang Tuhan pencipta yang wujud sebelum keabadian dan sepanjang keabadian. Sukar untuk kita benar-benar memahami kedalaman Tuhan yang tiada penghujungnya, yang memerintahkan segala-galanya di dunia. Kita akan rasakan bahawa Syurga dipenuhi perkara yang kita benar-benar perlu pelajari. Tetapi pembelajaran di Syurga, tidak seperti di dunia, adalah menyeronokkan. Kita akan memahami segala-gala yang kita pelajari. Kita tidak akan lupa apa yang kita telah faham, jadi tiada kesukaran tentang pembelajaran ini. Selain itu, kita bukan sahaja mendengar kuliah. Akan ada program tiga dimensi yang membantu pemahaman kita.

Bayangkan suara asal Tuhan yang menyatakan "Adakan cahaya" yang bergema di seluruh dunia, cahaya telah terbentuk, dan juga cahaya dipisahkan, dan semua hal ini berlaku di hadapan mata anda! Bayangkan juga yang anda melihat keluasan dicipta daripada air dan air dipisahkan daripada air. Betapa menakjubkan!

Pelbagai Jamuan di Syurga

Pelbagai jamuan di Syurga boleh dianggap sebagai pengumpulan keseronokan kehidupan syurgawi. Ia membenarkan kita merasakan kemakmuran, kebebasan, keindahan dan keagungan Syurga pada sekilas pandang. Semasa jamuan, kita akan menonton persembahan khas atau tarian dengan orang tersayang, dengan memakai pakaian dan perhiasan paling indah yang mereka ada. Walaupun anda tidak pandai menari di dunia, anda boleh belajar dengan cepat dan menari dengan baik di Syurga.

Di dunia ini pun, orang yang dipenuhi Roh Kudus boleh masuk ke dalam keadaan di mana bahasa baru dan lagu baru akan keluar dari mulutnya. Tangan dan lengan akan bergerak secara automatik mengikut rentak untuk menari dan memuji Tuhan. Di Syurga, dengan jasad syurgawi yang telah disempurnakan, sesiapa sahaja dapat menari dengan baik diiringi apa jua jenis muzik. Kita boleh memberikan keagungan kepada Tuhan dengan tarian solo.

Ada banyak jenis jamuan di Syurga, dan saiz serta jenisnya berbeza bergantung kepada tempat tinggal Di Baitulmuqaddis

Baru, ada jamuan yang diadakan atas nama Tuhan Trinitas, atau jamuan yang diadakan atas nama Tuhan Bapa, Tuhan Anak, dan Tuhan Roh Kudus. Ada masanya semua orang di semua tempat tinggal di Syurga akan dijemput untuk menghadiri jamuan yang diadakan atas nama Tuhan Trinitas.

Contohnya, Penghakiman Agung Arasy Putih, kita telah diberikan tempat tinggal masing-masing di Syurga, dan kemudian akan ada jamuan pertama yang diadakan di Baitulmuqaddis Baru. Tuhan akan menjemput semua penduduk kerajaan syurga ke jamuan ini. Semua yang ada di Baitulmuqaddis Baru dan Kerajaan Ketiga Syurga boleh menghadirinya, tetapi dari Kerajaan Kedua Syurga, sehingga ke Kerajaan Pertama Syurga, dan Firdaus, hanya wakil sahaja yang akan datang ke majlis ini.

Apabila penduduk daripada tempat tinggal lain datang ke jamuan yang diadakan di Baitulmuqaddis Baru, mereka perlu menukar pakaian dan perhiasan supaya sesuai dengan Baitulmuqaddis Baru. Ini kerana cahaya jasad syurgawi adalah berbeza menurut tempat tinggal yang berbeza. Apabila mereka telah memakai pakaian yang sesuai dengan Baitulmuqaddis Baru, mereka akan menyesuaikan diri dengan tempat ni, dan mereka akan layak untuk pergi ke jamuan yang diadakan di sana.

Ada kawasan khas di mana manusia boleh menukar pakaian mereka. Ada banyak jenis pakaian yang disediakan untuk mereka. Malaikat membantu mereka menukar pakaian yang dipilih. Tetapi penduduk Firdaus perlu menukar pakaian sendiri tanpa bantuan malaikat. Apabila mereka telah memakai pakaian bersinar dari Baitulmuqaddis Baru, mereka akan tersentuh dengan keagungannya, dan mereka akan berasa tidak layak kerana mereka tidak mempunyai hak untuk memakai pakaian ini.

Tidak seperti pakaian, mahkota tidak disediakan di

Baitulmuqaddis Baru. Setiap seorang perlu membawa mahkota sendiri. Mahkota Kerajaan Ketiga Syurga amat berbeza daripada mahkota Baitulmuqaddis Baru, dan ada tanda bulat kecil di bahagian kanan mahkota. Penduduk daripada Kerajaan Kedua Syurga, Kerajaan Pertama Syurga, dan Firdaus akan meletakkan simbol bulat pada dada kiri supaya mereka dapat dibezakan daripada penduduk Baitulmuqaddis Baru atau Kerajaan Ketiga Syurga. Penduduk daripada Kerajaan Kedua dan Pertama Syurga memakai mahkota mereka untuk menghadiri jamuan, tetapi penduduk Firdaus tidak mempunyai mahkota, jadi mereka tidak memakai apa-apa.

Jamuan Tempat Tinggal Berbeza

Malaikat lazimnya bertanggungjawab terhadap perhiasan, urusan, makanan dan semua aspek lain bagi persediaan jamuan syurgawi. Sama seperti kapal terbang yang mempunyai perkhidmatan berbeza bergantung kepada kelas penumpang, tahap perkhidmatan dan smeua persediaan jamuan juga berbeza mengikut setiap tempat tinggal.

Jika kita katakan jamuan di Baitulmuqaddis Baru adalah jamuan yang dianjurkan oleh keluarga atau kerabat diraja, jamuan di Firdaus boleh dibandingkan seperti jamuan yang diadakan oleh petani miskin bersama jiran mereka. Tetapi ini cuma satu perumpamaan, dan ini tidak bermakna yang jamuan di Firdaus adalah bersifat miskin dan tidak disediakan dengan baik. Ini bermakna ada perbezaan besar di antara jamuan di Baitulmuqaddis Baru dan Firdaus.

Jamuan di Firdaus tidak dianjurkan oleh mana-mana individu. Ia adalah untuk orang ramai atau kumpulan tertentu. Di sini tiada malaikat yang bertugas, jadi penduduk perlu menyediakan segala-galanya sendiri. Namun di Firdaus juga, tidak wujud kejahatan tetapi hanya kebaikan dan kasih sayang, jadi semua orang bekerjasama dengan keseronokan dan kegembiraan. Setiap orang mempertimbangkan orang lain, jadi mereka mendapat keseronokan daripada bekerja bersama-sama. Malah, ini jenis kegembiraan yang kita tidak pernah rasai, walaupun dalam pesta paling mewah di dunia ini. Betapa hebatnya kegembiraan jamuan di Baitulmuqaddis Baru!

Persembahan

Lagu dan tarian adalah bahagian penting dalam jamuan di Syurga, seperti juga di dunia. Malaikat yang cantik menari dengan elegan atau bermain alat muzik serta menyanyi. Ada juga orang yang membuat persembahan pujian atau bermain alat muzik bersama malaikat. Pujian, tarian dan persembahan muzik yang dipersembahkan oleh malaikat amat sempurna dan indah. Tetapi Tuhan menerima sesuatu yang lebih menyenangkan hatinya berbanding persembahan malaikat. Ini adalah pujian, tarian dan persembahan muzik oleh anak-anak Tuhan, kerana mereka mempersembahkan dengan memahami hati Tuhan dan dengan kasih sayang terhadapNya.

Ada dewan persembahan khas di Baitulmuqaddis Baru. Ini adalah dewan yang lebih besar dan indah berbanding Dewan Carnegie atau Madison Square Garden di New York, atau Opera House di Sydney yang sentiasa mengadakan persembahan. Ini bukanlah tempat artis menunjukkan bakat mereka. Tempat ini adalah tempat di mana kita memberikan keagungan kepada Tuhan dan menyampaikan kegembiraan kepada Yesus dan orang lain.

Kebanyakan orang yang membuat persembahan di sana sudah biasa membuat persembahan di dunia, dan kadang kala mereka akan mempersembahkan semula hasil karya di dunia. Ada juga orang yang mahu terlibat dalam persembahan di dunia tetapi tidak berpeluang, dan mereka mempelajari lagu pujian dan tarian baru di Syurga dan mempersembahkannya.

Sejauh mana setiap setiap orang yang membuat persembahan disucikan, mereka mungkin akan membuat persembahan secara eksklusif di Baitulmuqaddis Baru, Kerajaan Ketiga Syurga, Kerajaan Kedua Syurga, atau Kerajaan Pertama Syurga. Penyanyi, penari dan pemain alat muzik untuk Baitulmuqaddis Baru adalah ahli seni bertaraf dunia yang dikasihi oleh semua orang di Syurga. Semua orang di Syurga dapat menonton persembahan mereka kerana jamuan atau persembahan yang diadakan di Baitulmuqaddis Baru atas nama Tuhan Trinitas disiarkan secara langsung ke semua tempat tinggal di syurga.

Skrin video akan dibuka di udara pada ketinggian yang paling selesa bagi mereka menontonnya, jadi dengan menonton video yang amat jelas mereka berasa seolah-olah berada di sana. Dengan cara ini orang ramai di tempat tinggal syurga yang lain dapat tersentuh oleh jamuan atau persembahan yang diadakan di Baitulmuqaddis Baru. Sama seperti selebriti yang mempunyai ramai peminat di dunia, ada malaikat yang bertugas untuk memuji yang mengikuti mereka. Malaikat memanggil mereka 'Tuan' dan cuba menyenangkan hati dan memberikan kegembiraan kepada tuan mereka.

Dikasihi dan disayangi oleh ramai malaikat

Ada seorang wanita di Baitulmuqaddis Baru yang mendapat penghormatan besar dan diikuti oleh ramai malaikat. Dia adalah wanita yang menggemburkan hati roh sempurna di dunia ini. Dia ialah Maria Magdalena. Dia memakai pakaian yang labuh dan amat indah. Rambutnya panjang mengurai ke pinggang. Dia amat cantik dengan mahkota di atas kepalanya.

Maria Magdalena menggemburkan kebaikan yang sempurna semasa hidup di dunia, dan bentuk rohaninya mengeluarkan cahaya keagungan yang amat terang. Suaranya dipenuhi kerendahan diri dan lembut seperti bunyi aliran sungai. Apabila dia berkata-kata, aroma kerendahan diri dan kebaikannya akan terserlah, dan semua malaikat dan manusia akan terkesan dengan kata-katanya. Jadi, kadang kala malaikat mengelilingi Maria Magdalena dan memuji aroma kebaikannya.

Dia mempunyai kedudukan yang tinggi dan dapat bertemu dengan Tuhan setiap masa, jadi kita dapat rasakan hati, kehormatan dan cahaya keagungan Tuhan hanya dengan melihatnya. Bagaimanakah Maria Magdalena mencapai kedudukan yang begitu tinggi?

Maria Magdalena disembuhkan daripada banyak penyakit dan dibebaskan daripada kuasa kegelapan apabila dia bertemu Yesus. Dia amat berterima kasih dengan kasih kurnia Yesus dan berkhidmat kepadaNya tanpa mengubah sikapnya. Apabila Yesus disalib, ramai pengikutNya berpaling. Namun, Maria mempunyai hati yang tidak berubah dan dia bersama Yesus sehinggalah kematianNya. Dia juga melawat makam Yesus. Akhirnya, dia dapat tinggal dekat dengan arasy Tuhan di Baitulmuqaddis Baru.

Tuhan mahu berkongsi kasih sayang abadi dan menerima puji-pujian daripada anak-anakNya yang sejati, yang telah menggemburkan hati kebaikan yang indah seperti Maria Magdalena.

Yesaya 43:21 menyatakan, "Umat yang telah Kubentuk bagiKu akan memberitakan kemasyhuranKu." Apa yang Tuhan mahukan bukan sahaja suara yang merdu, koreografi yang menarik, atau bunyi alat muzik yang indah. Dia mahukan puji-pujian yang datang daripada hati kebenaran dan hati yang baik. Kadang kala, Tuhan juga menyanyi. Dalam melodi dan ritma yang indah, Dia menyanyi tentang perkara menakjubkan yang hanya anakNya Yesus telah lakukan, atau kerja menakjubkan yang ditunjukkan oleh Roh Kudus.

Tiada sesiapa dapat menandingi suara nyanyian Tuhan. Suara ini amat indah dan manusia akan berasa terpegun walaupun hanya mendengarnya sekali sahaja. Ia juga satu suara yang kuat dan dapat menggegarkan dunia, tetapi bukan semua orang di Syurga yang akan berpeluang mendengar. Ia hanya dapat didengari oleh orang yang dekat dengan arasy Tuhan di Baitulmuqaddis Baru. Oleh itu, kita seharusnya mencapai tahap roh sepenuhnya, memuji Tuhan dalam kerajaan syurga yang abadi, dan mencapai kedudukan yang tinggi di mana kita dapat mendengar suara nyanyian Tuhan.

Melangkaui Batas-batas Manusia

Mengalami Ruang Tuhan

Melihat Tuhan yang Merupakan Cahaya

"Aku berkata kepadamu: Sesungguhnya barang siapa percaya kepada-Ku, ia akan melakukan juga pekerjaan-pekerjaan yang Aku lakukan, bahkan pekerjaan-pekerjaan yang lebih besar dari pada itu. Sebab Aku pergi kepada Bapa."

Yohanes 14:12

Bab 1
Ruangan Tuhan

Tidak seperti ruangan fizikal, ruangan Tuhan tidak ada batasan. Apabila kita menjadi anak sejati Tuhan, kita dapat melepasi batasan manusia dengan kuasa Tuhan yang tiada batasan. Dalam ruangan Tuhan, benda boleh dicipta daripada tiada apa-apa, yang mati boleh dihidupkan semula, dan apa sahaja yang Tuhan niatkan dalam hatiNya akan dilaksanakan. Tiada apa yang mustahil dalam ruangan ini.

Untuk Memiliki Ruangan Tuhan

Kerja Penciptaan Berlaku dalam Ruangan Tuhan

Kerja Yang Menjangkaui Masa dan Ruang

Mengalami Pergerakan melalui Ruang

Kasih Sayang yang Melampaui Keadilan

Ruang adalah jangkauan atau lebar permukaan atau kawasan tiga dimensi. Ia juga merujuk kepada jangkauan tanpa batas wilayah tiga dimensi yang mana semua benda wujud. Hari ini, ada juga ruang siber yang dicipta dengan komputer. Ia terbuka untuk sesiapa sahaja, tetapi manusia menggunakannya dengan ukuran berbeza bergantung kepada pengetahuan dan keupayaan mereka menggunakan komputer. Dengan cara yang sama, kita boleh menggunakan ruangan Tuhan dan mengalami perkara menakjubkan yang dirakamkan dalam Alkitab sejauh mana kita memahami dan menggunakan ruangan Tuhan.

Ruangan rohani bukanlah terletak berdekatan hujung dunia. Ia amat dekat dengan ruangan fizikal kita. Sama seperti kita dapat melihat ke luar apabila kita membuka tingkap rumah, kita dapat melihat ruangan rohani jika pagar dunia rohani terbuka.

Dalam Alkitab, kita dapat membaca tentang Yesus yang dibangkitkan semula naik ke Syurga di hadapan ramai hawari. Kisah Para Rasul 1:9 menyatakan, " Sesudah Ia mengatakan demikian, terangkatlah Ia disaksikan oleh mereka, dan awan menutupNya dari pandangan mereka." Yesus naik ke Syurga melalui ruangan rohani yang terbuka pada ketinggian di mana awan terbentuk. Jika kita benar-benar memahami tentang ruangan rohani, kita akan mendapat jawapan bagi banyak ayat yang rumit dalam Alkitab. Kita juga akan mempunyai keimanan yang sempurna dan harapan untuk masuk ke Syurga.

Namun, manusia tidak mempunyai pilihan selain hidup berdasarkan had ruang dan masa. Tetapi kita boleh melepasi had begini jika kita menjadi anak Tuhan yang sejati. Roh jahat sekali pun tidak akan dapat menyentuh kita. Kita akhirnya akan masuk ke kerajaan syurga yang terletak di syurga ketiga, di mana roh Adam pun tidak dapat hidup. Selain itu, kita juga akan mengalami kuasa Tuhan yang tiada batasan iaitu di syurga keempat. "Dan kerana kamu adalah anak, maka Tuhan telah menyuruh Roh AnakNya ke dalam hati kita, yang berseru: „Abba! Bapa!' Jadi kamu bukan lagi hamba, melainkan anak; jikalau kamu anak, maka kamu juga adalah ahli-ahli waris, oleh Tuhan" (Galatia 4:6-7).

Ruang dan Dimensi pada Pandangan Tuhan

Seperti yang dinyatakan dalam Bahagian 1 'Ruangan Besar Dunia Rohani', selepas Tuhan merancang penggemburan manusia, Dia membahagikan satu ruang asal ini kepada beberapa ruang dengan dimensi berbeza. Umumnya, Dia membahagiakan ruang ini kepada empat syurga dari syurga pertama ke syurga keempat. Syurga pertama adalah bahagian kecil dibandingkan dengan ruangan asal Semasa Tuhan menciptakan ruangan berbeza dengan dimensi berbeza, Dia menetapkan prinsip antara ruangan ini yang menentukan bahawa dimensi yang lebih tinggi dapat mengawal dimensi yang lebih rendah, dan dimensi yang lebih rendah akan tunduk kepada dimensi yang lebih tinggi.

Syurga pertama, iaitu dunia fizikal termasuk Bumi, matahari, bulan dan bintang yang kita dapat lihat, adalah dalam dimensi pertama. Ini adalah dunia fizikal, jadi semua benda akan musnah atau mati. Dimensi kedua adalah ruangan di syurga kedua. Syurga kedua umumnya dibahagikan kepada kawasan cahaya dan kawasan kegelapan. Kawasan cahaya adalah Syurgawi, di mana terletaknya Taman Syurgawi. Bersebelahan dengan Syurgawi adalah kawasan kegelapan di mana roh jahat mempunyai kuasa di udara.

Dimensi ketiga adalah kerajaan syurgawi, iaitu syurga ketiga. Ini adalah tempat di mana anak-anak Tuhan yang telah diselamatkan akan tinggal selama-lamanya. Berpusat di Baitulmuqaddis Baru, di mana terletaknya arasy Tuhan, ada pelbagai jenis tempat tinggal berbeza yang diberikan bergantung kepada ukuran keimanan seseorang. Dimensi keempat adalah syurga keempat, dan ini adalah ruang di mana Tuhan yang asal wujud dalam bentuk cahaya dan suara. Inilah syurga keempat di mana Tuhan Trinitas memerintah semuanya—syurga ketiga, kedua dan pertama—sambil menunjukkan kerja penciptaan yang menjangkaui masa dan ruang.

Ruangan misteri empat dimensi ini adalah ruangan Tuhan. Di sinilah Tuhan yang asal wujud dan ia merupakan tempat yang amat indah. Tiada sesiapa yang dibenarkan masuk ke ruangan ini melainkan Tuhan Trinitas dan beberapa orang yang mendapat kebenaran khas dari Tuhan.

Ruangan Tuhan ini adalah ruang yang tiada batasan di mana Tuhan dapat menghilangkan benda yang wujud dan mencipta sesuatu daripada tiada apa-apa. Bahan dapat wujud dalam apa jua bentuk seperti cecair, gas dan pepejal. Hanya orang yang mempunyai kelayakan yang sesuai dapat masuk ke ruangan ini. Mari kita lihat ke dalam ruangan Tuhan yang misteri dan menakjubkan ini.

Hati Tuhan adalah Ruangan Tuhan

Ruangan di mana Tuhan wujud sebelum masa adalah ruangan rohani yang tidak dapat dilihat dengan mata kasar. Ia adalah ruangan yang amat besar, dan pada waktu itu dunia rohani dan fizikal masih belum diasingkan. Tuhan wujud sebagai cahaya yang indah dan terang dengan suara yang berdenting. Dia bergerak di seluruh dunia, dan menguasainya segala-galanya secara bersendirian.

Tuhan asal menyimpan seluruh dunia dalam hatiNya. Dalam kata lain, seluruh ruang dunia terkandung dalam hatiNya. Biar saya berikan ilustrasi untuk memudahkan pemahaman tentang 'menyimpan ruang dalam hati.' Jika anda fikirkan tentang kampung halaman anda, anda boleh bayangkannya, dan anda terfikir bagaimana ia kelihatan sekarang. Atau, anda fikirkan seseorang yang anda kasihi dan ingat masa anda bersama dengannya, dan fikiran anda sudah berada di tempat itu bersamanya.

Bagi Tuhan, Dia boleh berada di mana-mana di dunia, menjangkaui masa dan ruang jika Dia menyimpannya dalam hati. Kita menamakan sifat Tuhan ini sebagai 'Maha Wujud.' Disebabkan sifat Maha Wujud ini, Dia dapat menyimpan semua ceruk dunia dan memerintah segala-galanya.

Mazmur 68:33 menyatakan, "Bagi Dia yang berkenderaan melintasi langit purbakala. Perhatikanlah, Ia memperdengarkan suaraNya, suaraNya yang dahsyat." 'Berkenderaan melintasi langit purbakala' bermakna Tuhan memerintah semua ruang dari syurga pertama ke syurga keempat. Dikatakan bahawa suaraNya berkuasa, tetapi suara ini tidak dapat kita dengari. Apabila Tuhan bercakap dengan suara asal penciptaan, semua ciptaan akan tunduk, dan kuasa serta keagunganNya akan menggegarkan semua syurga.

Untuk Memiliki Ruangan Tuhan

Tuhan mahu anak-anakNya yang dikasihi untuk memiliki ruangan Tuhan dan memerintah ke atas semua ruang juga. Namun, ada syarat untuk kita dapat memiliki ruangan ini, kerana ada peraturan kasih sayang dan keadilan yang ditetapkan oleh Tuhan bagi penggemburan manusia. Keadilan adalah undang-undang dan prinsipnya. Sama seperti banyak undang-undang untuk masyarakat dan undang-undang lalu lintas untuk memandu, ada juga Undang-undang Tuhan, dan ini adalah keadilan Tuhan.

Jadi, apakah maknanya memiliki ruangan? Ini bermakna menyimpan ruang ini dalam hati secara sepenuhnya. Tentu sekali, menyimpan ruangan Tuhan dalam hati tidak bermakna kita boleh menjadi Maha Wujud seperti Tuhan. Ini hanya bermakna, perkara menakjubkan boleh berlaku dengan membuka ruangan Tuhan dalam dunia fizikal ini.

Apabila Tuhan membahagikan ruang, Dia membahagikannya menurut keadilan dan kasih sayang yang sesuai dengan setiap ruang. Apabila kita naik dimensi daripada dimensi pertama, kedua, ketiga, dan syurga keempat, dimensi keadilan juga menjadi lebih lebar dan dalam. Setiap syurga mempunyai susun atur yang tiada kesilapan. Sebab utama yang setiap ruangan mempunyai dimensi yang berbeza adalah kerana setiap syurga mempunyai dimensi kasih sayang yang berbeza. Kasih sayang dan keadilan tidak dapat dipisahkan. Lebih mendalam dimensi kasih sayang, lebih dalam juga dimensi keadilan.

Apabila Yesus memaafkan wanita yang telah melakukan zina, ini disebabkan kasih sayang yang melebihi keadilan (Yohanes 8). Apabila wanita itu ditangkap sedang melakukan zina, orang yang membuat penilaian berasaskan keadilan syurga pertama menyatakan yang mereka perlu merejamnya pada masa itu juga. Tetapi Yesus, yang mempunyai keadilan syurga keempat berkata, "Aku pun tidak menghukum engkau. Pergilah. Dan jangan berbuat dosa lagi mulai dari sekarang" (Yohanes 8:11). Ini adalah kasih sayang sebenar yang terkandung dalam keadilan.

Kita akan dapat memiliki ruangan Tuhan dan bergerak bebas melalui semua ruangan hanya apabila kita mempunyai kasih sayang dan keadilan Tuhan sepenuhnya. Kemudian, kita juga akan memahami peraturan dalam dunia rohani dan melihat dengan jelas semua perkara yang berlaku dalam dunia fizikal. Yesus tidak mempunyai dosa langsung dan mati di atas salib untuk menggantikan orang yang berdosa. Kerana Dia mempunyai kasih sayang melebihi keadilan, Yesus menunjukkan banyak kerja menakjubkan kuasa Tuhan seperti menyembuhkan penyakit yang tiada penawar, dan menenangkan angin dan ombak. Dia juga mampu membaca fikiran dan minda manusia yang wujud dalam dimensi pertama.

Orang yang berada dalam dimensi pertama terikat dengan had masa dan ruangan fizikal. Namun, selepas kita menerima Yesus dan dilahirkan semula oleh Roh Kudus, kita dibebaskan daripada had berikut sejauh mana kita menggemburkan hati menjadi hati rohani. Jika kita menjadi manusia roh dan roh terasuh yang termasuk dalam dimensi ketiga iaitu dunia rohani, musuh iaitu iblis dan Syaitan yang termasuk dalam dimensi kedua, akan takut dengan kita walaupun secara fizikalnya kita berada dalam dimensi pertama.

Kejadian 1:28 menyatakan, "Tuhan memberkati mereka, lalu Tuhan berfirman kepada mereka: „Beranak cuculah dan bertambah banyak; penuhilah bumi dan taklukkanlah itu, berkuasalah atas ikan-ikan di laut dan burung-burung di udara dan atas segala binatang yang merayap di bumi.'" Adam adalah roh hidup. Dia merupakan makhluk rohani yang hidup dalam syurga kedua dan dia mempunyai kuasa untuk memerintah apa sahaja yang berada di Syurga Pertama.

Dengan cara yang sama, jika kita mempunyai keadilan dan kasih sayang Tuhan yang termasuk dalam syurga keempat, kita akan dapat menunjukkan kuasa Tuhan yang dimiliki syurga keempat yang melebihi had manusia. Itu sebabnya Yesus berjanji dalam Yohanes 14:12, "Aku berkata kepadamu: Sesungguhnya barang siapa percaya kepadaKu, ia akan melakukan juga pekerjaan-pekerjaan yang Aku lakukan, bahkan pekerjaan-pekerjaan yang lebih besar dari pada itu. Sebab Aku pergi kepada Bapa."

Kerja Penciptaan Berlaku dalam Ruangan Tuhan

Kita akan dapat mencapai apa sahaja yang kita mahukan dalam ruangan Tuhan. Yang paling utama, akan ada kerja penciptaan. Semasa Tuhan menciptakan syurga dan dunia serta segala-gala yang ada di dalamnya, ini merupakan kerja penciptaan. Yesus juga menunjukkan kerja penciptaan kerana Dia memiliki ruangan Tuhan. Salah satu daripada contoh terbaik adalah mukjizat pertama dakwahNya, iaitu menghasilkan wain daripada air.

Pada suatu hari, Yesus menghadiri satu majlis perkahwinan dan mereka telah kehabisan wain. Maria Perawan berasa kasihan dengan tuan rumah dan meminta Yesus untuk membantunya. Pada mulanya Dia seperti menolak permintaan Maria. Tetapi Maria tidak berasa kecewa, namun menunjukkan keimanan yang tidak berubah. Dia amat mengenali Yesus dan Dia lebih daripada mampu untuk menghasilkan wain daripada air. Maria percaya yang dia telahpun menerima jawapan daripada Yesus, jadi dia memberitahu pelayan untuk melakukan apa sahaja yang Yesus minta mereka lakukan.

Yesus melihat keimanan Maria dan memberitahu para pelayan untuk mengisi bekas air. Apabila pelayan telah memenuhkan enam bekas air, Yesus meminta mereka mencedok sedikit dan membawanya kepada ketua pelayan. Apabila mereka tiba ke ketua pelayan, air telahpun bertukar menjadi wain. Hanya dengan menyimpan dalam hati, air dalam enam bekas air bertukar menjadi wain berkualiti.

Dalam ruang kerja Tuhan, kerja penciptaan dapat berlaku hanya dengan menyimpan dalam hati. Tentu sekali, Yesus menunjukkan kerja penciptaan apabila sesuai menurut keadilan Tuhan dan bukan pada bila-bila masa sahaja. Tanda ini dapat berlaku disebabkan keimanan sempurna Maria yang cukup untuk memenuhi keadilan Tuhan.

Yesus memberi makan beribu-ribu orang dengan lima buku roti dan dua ekor ikan, dan pada satu masa lain dengan tujuh buku roti dan dua ekor ikan. Apakah keadilan Tuhan yang diperlukan untuk mukjizat ini? " Lalu Yesus memanggil murid-muridNya dan berkata: „HatiKu tergerak oleh belas kasihan kepada orang banyak itu. Sudah tiga hari mereka mengikuti Aku dan mereka tidak mempunyai makanan. Aku tidak mahu menyuruh mereka pulang dengan lapar, nanti mereka pengsan di jalan'" (Matius 15:32).

Beribu-ribu orang bersama Yesus selama tiga hari berturut-turut dengan harapan untuk mendengar mesejNya. Mereka mendengar kata-kataNya dan bergembira bersama apabila orang yang sakit disembuhkan. Keimanan mereka kepada Yesus adalah sempurna, sekurang-kurangnya pada masa itu. Berdasarkan keimanan mereka, kasih sayang Yesus ditambahkan dan ia memenuhi keadilan Tuhan untuk menjadikan kerja penciptaan ini berhasil.

Balu Sarfat Mengalami Kerja Penciptaan

Kerja penciptaan yang serupa juga ada disebutkan dalam 1 Raja-Raja 17. Apabila Elia pergi ke Sidon dengan bertemu dengan balu Sarfat dalam kepatuhan terhadap Firman Tuhan, si balu waktu itu amat miskin. Disebabkan kemarau yang panjang, mereka kehabisan makanan. Dia hanya segenggam tepung dan sedikit minyak. Elia menyuruhnya menyediakan roti dengan sisa makanan yang dia ada, dan memberikannya kata-kata kerahmatan. " Sebab beginilah firman TUHAN, Tuhan Israel: Tepung dalam tempayan itu tidak akan habis dan minyak dalam buli-buli itu pun tidak akan berkurang sampai pada waktu TUHAN memberi hujan ke atas muka bumi'" (1 Raja-Raja 17:14).

Selepas mendengarkan hal ini, balu Sarfat tidak memberi alasan dan menurut sahaja. Dia tidak akan berbuat begitu jika kita berfikir secara waras. Dia akan mati selepas makan makanan terakhir yang dia ada, dan lelaki ini meminta makanannya. Dia boleh sahaja memikirkan bahawa lelaki ini tidak tahu malu. Tetapi dia tidak berfikir begitu. Tuhan menggerakkan hati dan memaklumkannya bahawa lelaki ini adalah orang beriman, dan dia mematuhi apa yang diberitahu oleh lelaki ini.

Apakah jenis rahmat yang diterimanya sebagai balasan? 1 Raja-Raja 17:15-16 menyatakan, "Lalu pergilah perempuan itu dan berbuat seperti yang dikatakan Elia; maka perempuan itu dan dia serta anak perempuan itu mendapat makan beberapa waktu lamanya. Tepung dalam tempayan itu tidak habis dan minyak dalam buli-buli itu tidak berkurang seperti firman TUHAN yang diucapkanNya dengan perantaraan Elia."

'Beberapa waktu' di sini tidak bermakna selama beberapa hari, tetapi suatu jangka waktu yang lama. Tepung dan minyak yang tidak pernah habis adalah kerja penciptaan. Jadi, bagaimanakah Elia dapat menunjukkan kerja penciptaan begitu, yang dapat ditunjukkan hanya dengan berada dalam ruangan Tuhan?

Elia tidak memiliki ruangan Tuhan, tetapi sekurang-kurangnya pada waktu itu, dia membaca dan menerima hati dan kehendak Tuhan secara terhad. 'Secara terhad' di sini bermakna dia membaca hati Tuhan berkenaan sesetengah perkara pada suatu masa. Kadang kala Tuhan membenarkan manusia membaca hatiNya untuk memenuhi kehendakNya.

Elisha menerima dua kali ganda inspirasi berbanding tuannya Elia, tetapi apabila Tuhan membenarkan dia memahami, dia tidak tahu mengapa wanita Sunem berada gelisah dalam hati.

Dia melahirkan anak lelaki kerana dia berkhidmat kepada lelaki beriman Elisha dengan segala usahanya. Namun anak lelakinya tiba-tiba meninggal dunia, dan kemudian dia serta-merta pergi berjumpa Elisha. Tetapi sebelum dia memberitahu apa yang telah berlaku, Elisha tidak tahu apa masalahnya. " Dan sesudah ia sampai ke gunung itu, dipegangnyalah kaki abdi Tuhan itu. Tetapi Gehazi mendekat hendak mengusir dia. Lalu berkatalah abdi Tuhan: „Biarkanlah dia, hatinya pedih! TUHAN menyembunyikan hal ini dari padaku, tidak memberitahukannya kepadaku'" (2 Raja-Raja 4:27).

Untuk membaca hati Tuhan dan menggunakan ruanganNya, adalah penting untuk menggemburkan hati roh terasuh supaya kita akan mempercayai Tuhan dan mematuhiNya dengan sepenuhnya. Sebab nabi seperti Elia, Ibrahim, Musa dan Paulus menggunakan ruangan Tuhan adalah kerana mereka mempunyai hati roh terasuh. Apabila Tuhan memerintahkan mereka untuk melakukan sesuatu, mereka memahami niat Tuhan yang terkandung dalam arahan ini. Mereka rasakan bagaimana Tuhan akan bekerja dan membayangkan dalam minda, jadi mereka mempunyai keyakinan rohani.

Elia dengan berani mengakui Tuhan yang hidup dan membawa api turun daripada syurga kerana dia berasakan dalam hatinya apa yang Tuhan akan lakukan. Hal ini sama juga seperti semasa dia meminta balu Sarfat untuk memberikannya makanan terakhir yang dia ada. Jika kita mempunyai kepercayaan teguh terhadap Tuhan, kita akan dapat mematuhi walaupun perkara yang tidak masuk akal, dan apabila kita berbuat demikian, ia akan dilaksanakan kerana

Tuhan telah berkata-kata. Kerja penciptaan berlaku terhadap balu kerana dia dan Elia memenuhi ukuran keadilan Tuhan.

Balu mempercayai lelaki beriman, Elia, dan dia mempercayai kata-katanya seperti Firman Tuhan sendiri. Dia mematuhi kata-katanya tanpa teragak-agak dan tanpa menggunakan pemikiran manusia. Dengan cara ini, dia dapat mengambil bahagian dalam ruangan Tuhan yang digunakan oleh Elia.

2 Tawarikh 20:20 menyatakan:

Percayalah kepada TUHAN, Tuhanmu, dan kamu akan tetap teguh. Percayalah kepada nabi-nabi-Nya, dan kamu akan berhasil.

Elia menggunakan ruangan Tuhan, iaitu milik Tuhan secara khusus, dengan mempercayaiNya sepenuhnya. Balu mempercayai Elia dengan sepenuhnya, dan seterusnya ruangan Tuhan turun kepada mereka, dan mereka melihat kerja penciptaan. Seperti dalam kes di atas, Tuhan melingkupi manusia dengan ruangan Tuhan, jika dengan keimanan dan kepatuhan mereka menjadi satu dengan orang beriman yang menggunakan ruangan Tuhan.

Tiga Orang Kawan Daniel Yang Tidak Cedera Dalam Relau

Tiga orang kawan Daniel dihumban ke dalam relau hanya mereka kerana tidak menyembah berhala. Relau adalah tujuh kali lebih panas daripada biasa, dan askar yang pergi dekat dengan relau untuk menghumbankan mereka mati terbakar. Jelas sekali, ketiga-tiga lelaki yang dimasukkan ke dalam relau juga akan mati. Tetapi apa yang berlaku?

Daniel 3:24-25 menyatakan, "Kemudian terkejutlah raja Nebukadnezar lalu bangun dengan segera; berkatalah ia kepada para menterinya: „Bukankah tiga orang yang telah kita campakkan dengan terikat ke dalam api itu?' Jawab mereka kepada raja: „Benar, ya raja.' Katanya: „Tetapi ada empat orang kulihat berjalan-jalan dengan bebas di tengah-tengah api itu! Mereka tidak terluka, dan yang keempat itu rupanya seperti anak dewa!'"

Memang tiga orang yang dihumban ke dalam relau, tetapi ada empat orang lelaki di dalamnya. Raja menyatakan yang salah seorang daripadanya kelihatan seperti anak dewa. Manusia lazimnya tidak dapat melihat makhluk rohani, tetapi Tuhan membuka mata rohani raja dan membolehkannya melihat makhluk rohani di dalam relau. Selepas ketiga-tiga lelaki keluar dari relau, orang ramai melihat mereka tidak terbakar oleh api pada tubuh, malah sehelai rambut pun tidak terbakar, seluar mereka tidak terbakar, dan bau api tiada pada tubuh mereka (Daniel 3:27).

Bagaimana hal ini boleh berlaku? Tiga orang kawan Daniel ini dilindungi kerana ruangan Tuhan meliputi mereka. Hal ini dapat dilihat daripada frasa bahawa 'seperti anak tuhan-tuhan/dewa' berada bersama mereka. Tentulah, bukan 'tuhan-tuhan' tetapi Tuhan yang Esa, tetapi Nebuchadnezzar berkata begitu kerana dia percaya dengan Tuhan orang bukan Yahudi.

Jadi, siapakah 'anak dewa' ini? Ia adalah Roh Kudus. Tuhan Roh Kudus sendiri turun kepada mereka dan ruangan Tuhan meliputi ruangan fizikal ini.

Musa mengubah air pahit Marah menjadi air manis

Keluaran bab 15 menceritakan kisah di mana air pahit di Marah menjadi manis, dan ini juga sesuatu yang berlaku dalam ruangan Tuhan. Anak-anak Israel merentasi Laut Merah dan masuk ke padang pasir, dan mereka tidak dapat minum air selama tiga hari. Mereka menjumpai air di Marah, tetapi ia pahit dan tidak dapat diminum. Mereka kemudian merungut kepada Musa. Apabila Musa berdoa tentangnya, Tuhan menunjukkan kepadanya sebuah pokok. Apabila dia membaling pokok ke dalam air, air bertukar menjadi manis. Adakah pokok ini mempunyai elemen yang dapat mengubah rasa air? Tidak. Tuhan melingkungi air dalam ruangan Tuhan dan menunjukkan kerja penciptaan kerana mengambil kira keimanan dan kepatuhan Musa.

Kerja penciptaan yang serupa juga ditunjukkan dalam gereja kami dan memberikan keagungan kepada Tuhan. Saya berdoa di Seoul supaya air masin di Muan akan bertukar menjadi manis, dan doa ini dijawab.

Air ini datangnya daripada telaga di Gereja Manmin Muan. Ia terletak di Heje Myeon, Muan Goon, Wilayah Jeonnam. Ia dikelilingi laut, dan apabila mereka menggali telaga, mereka hanya akan mendapat air masin. Mereka memasang saluran paip ke sebuah tempat sejauh tiga kilometer untuk mendapatkan air tawar, tetapi mereka masih tidak cukup air untuk diminum. Ahli Gereja Manmin Muan teringat akan mukjizat yang berlaku di Marah dan percaya perkara yang sama boleh berlaku kepada mereka, dan mereka berdoa supaya ia berlaku. Banyak kali mereka meminta saya untuk datang ke Muan dan berdoa supaya air masin akan bertukar menjadi air manis.

Pada Februari 2000, saya melakukan doa di pergunungan selama 10 hari, dan saya berdoa khas untuk Gereja Manmin Muan. Pada masa yang sama, ahli Gereja Manmin Muan juga melakukan puasa berturut-turut untuk gereja dan saya, dan mereka menyaksikan pelangi bulat di atas gereja mereka setiap hari selama 10 hari.

Selepas saya menghabiskan doa di pergunungan, saya mendapat inspirasi daripada Roh Kudus untuk berdoa supaya air masin di Muan bertukar menjadi manis. Saya tidak pergi ke Muan untuk berdoa, tetapi Tuhan bekerja dengan menjangkaui masa dan ruang untuk menukarkan air masin menjadi air manis.

Doa saya dan keimanan ahli Gereja Manmin Muan memenuhi keadilan Tuhan dan menjadikan penciptaan kerja ini berhasil. Sehingga hari ini, telaga di Gereja Manmin Muan masih mengeluarkan air manis. Ini kerana ia dilingkungi ruangan Tuhan Pencipta. Air manis Muan telah diuji oleh FDA daripada A.S. dan terbukti baik serta kaya dengan mineral. Ada banyak juga kerja penyembuhan yang berlaku melalui air ini sehinggakan begitu ramai pengikut datang ke sini tidak putus-putus.

Orang Mati Dihidupkan Semula

Ruangan Tuhan bukan sahaja dapat menunjukkan kerja penciptaan tetapi juga dapat mengawal kehidupan dan kematian. Ia dapat membangkitkan orang yang mati atau membunuh orang yang hidup. Ia adalah untuk apa sahaja yang hidup— sama ada tumbuhan atau haiwan.

Bilangan bab 17 menuliskan tentang Harun yang bertunas. Ini tidak mustahil kerana ia dipenuhi ruangan Tuhan. Tongkat yang kering mengeluarkan tunas dan bunga, dan ia menghasilkan buah badam yang masak dalam masa sehari sahaja. Bagi pokok yang hidup pun, hal ini akan mengambil masa beberapa bulan, tetapi ia berlaku dalam masa sehari , dan tongkat kering ini menghasilkan buah. Hal ini berlaku kerana tongkat dipenuhi ruangan Tuhan.

Apabila Yesus menyumpah pokok ara, ia mati, dan ini juga kerana pokok ini dipenuhi ruangan Tuhan. "Dekat jalan Ia melihat pohon ara lalu pergi ke situ, tetapi Ia tidak mendapat apa-apa pada pohon itu selain daun-daun saja. Kata-Nya kepada pohon itu: „Engkau tidak akan berbuah lagi selama-lamanya!' Dan seketika itu juga keringlah pohon ara itu. Melihat kejadian itu tercenganglah murid-murid-Nya, lalu berkata: „Bagaimana mungkin pohon ara itu sekonyong-konyong menjadi kering?'" (Matius 21:19-20)

Hal ini sama seperti kes Yesus menghidupkan semula Lazarus yang telah mati. Dalam Yohanes bab 11, kita mengetahui bahawa Lazarus telah mati selama empat hari dan tubuhnya mula mengeluarkan bau kurang menyenangkan. Tetapi apabila Yesus memanggilnya, rohnya kembali, dan tubuhnya yang mereput kembali sihat. Perkara yang mustahil dalam ruangan fizikal adalah tidak mustahil dengan serta-merta dalam ruangan Tuhan.

Ada seorang lelaki remaja dalam gereja kami yang buta sebelah matanya, tetapi penglihatannya dipulihkan. Dia menjalani pembedahan katarak pada mata kiri semasa berusia tiga tahun, tetapi sebagai kesan sampingan dia mengalami uveitis teruk dan

142

retinanya tertanggal. Retinanya terkeluar daripada dinding okular dan dia tidak dapat melihat dengan jelas. Lebih teruk lagi, dia juga menghidap phthisis bulbi, ataupun bola mata yang mengecut. Akhirnya, dia menjadi buta pada tahun 2006.

Tetapi pada Julai 2007, dia dapat melihat semula melalui doa. Mata kirinya langsung tidak dapat mengesan cahaya, tetapi dia kini dapat melihat dengan visi 0.1. Bola matanya yang mengecut juga kembali ke saiz asal. Selain itu, mata kirinya yang dahulu mempunyai visi 0.1 kini bertambah baik dengan visi 0.9. Kes ini dibentangkan bersama dokumen perubatan yang terperinci kepada lebih daripada 220 orang doktor daripada 41 buah negara di Persidangan Perubatan Kristian Antarabangsa ke-5 yang diadakan di Norway, dan ia dipilih sebagai kes paling mengagumkan di kalangan beberapa kes lain yang dibentangkan dalam persidangan ini.

Prinsip yang sama juga diaplikasikan pada semua organ, tisu atau saraf lain. Walaupun jika araf atau sel dan tisu telah mati disebabkan penyakit atau kemalangan, ia akan menjadi normal jika diliputi oleh ruangan Tuhan. Kecacatan juga dapat dipulihkan dalam ruangan Tuhan. Selain itu, penyakit yang disebabkan oleh kuman atau virus seperti kanser, AIDS, tuberkulosis, selesema atau demam, dapat disembuhkan dalam ruangan Tuhan.

Dalam kes penyakit, api Roh Kudus akan datang dan membakar kuman atau virus terlebih dahulu. Kemudian, bahagian tubuh yang rosak yang disebabkan penyakit akan sembuh. Malah bagi pasangan yang sukar mendapatkan anak, jika bahagian tubuh yang mempunyai masalah diliputi oleh ruangan Tuhan dan sembuh, mereka akan berjaya mengandung. Tetapi untuk disembuhkan daripada penyakit dan ketidakupayaan dalam ruangan Tuhan, setiap seorang mesti memenuhi kelayakan keadilan Tuhan.

Kerja Yang Menjangkaui Masa dan Ruang

Kerja kuasa yang ditunjukkan dalam ruangan Tuhan dapat dilaksanakan menjangkaui had masa dan ruang. Ia dapat dilakukan kerana ruangan Tuhan menenggelamkan dan melangkaui dimensi lain. Mazmur 19:4 menyatakan, "Tetapi gema mereka terpencar ke seluruh dunia, dan perkataan mereka sampai ke hujung bumi. Ia memasang khemah di langit untuk matahari." Ini bermakna Firman Tuhan yang dilafazkan daripada syurga keempat masuk menembusi hingga ke hujung dunia.

Walaupun jarak yang jauh dalam syurga pertama, ruangan fizikal, adalah sama seperti tiada jarak langsung dalam ruangan Tuhan. Cahaya mengelilingi Bumi tujuh setengah kali dalam masa sesaat. Namun cahaya kuasa Tuhan akan dapat sampai bukan sahaja ke hujung Bumi malah juga hujung alam semesta dalam sekelip mata. Jarak fizikal tidak mempunyai apa-apa makna dalam ruangan Tuhan.

Dalam Matius bab 8, seorang perwira datang ke Yesus dan memintaNya untuk menyembuhkan penyakit salah seorang hambanya. Yesus menyatakan yang Dia akan pergi bersamanya, tetapi dia berkata, "Tetapi jawab perwira itu kepadaNya: „Tuan, aku tidak layak menerima Tuan di dalam rumahku, katakan saja sepatah kata, maka hambaku itu akan sembuh" (ayat 8). Jadi, Yesus menjawab, "Pulanglah dan jadilah kepadamu seperti yang engkau percaya" (ayat 13). Pada saat itu juga, hamba ini sembuh.

Orang yang sakit disembuhkan di lokasi lain apabila Yesus hanya memerintahkan dengan Kata-kataNya, kerana Dia memiliki ruangan Tuhan. Perwira ini dapat menerima rahmat kerana dia menunjukkan keimanan yang sempurna terhadap Yesus. Yesus juga memuji keimanannya dengan berkata, "Aku berkata kepadamu, sesungguhnya iman sebesar ini tidak pernah Aku jumpai pada seorangpun di antara orang Israel" (ayat 10).

Bagi anak-anak yang bersatu dengan Tuhan dalam keimanan, Dia selalu menunjukkan kerja berkuasaNya yang menjangkaui masa dan ruang. Cynthia di Pakistan sedang nazak disebabkan gangguan usus dan penyakit Celiac. Kakak Cynthia berada di Korea pada masa itu, dan dia membawa gambar Cynthia kepada saya untuk menerima doa menggunakan gambar. Penyembuhan berlaku melepasi had masa dan ruang. Di Amerika Syarikat, Robert Johnson juga menerima penyembuhan yang menjangkaui masa dan ruang. Tumitnya cedera akibat terjatuh. Dia tidak dapat berjalan disebabkan kesakitan yang teruk. Dia diberitahu bahawa dia perlukan pembedahan untuk menyembuhkan tumitnya, tetapi dia yang hanya memakai simen kaki sembuh sepenuhnya tanpa prosedur perubatan dalam masa sembilan minggu melalui doa yang diberikan dari Korea. Ini merupakan kerja berkuasa Tuhan yang dizahirkan dalam ruangan Tuhan.

Kerja Menakjubkan Hawari Paulus

Dalam Kisah Para Rasul bab 19, dinyatakan bahawa Tuhan

melaksanakan banyak mukjizat menakjubkan melalui hawari Paulus. Apabila dia memerintahkan dengan nama Yesus Kristus, roh jahat keluar dan kerja penyembuhan berlaku, walaupun dengan sapu tangan atau apron yang telah menyentuh hawari ini. Dia tidak cedera disebabkan gigitan ular berbisa, dan dia juga membuat ramalan. "Oleh Paulus Tuhan mengadakan mukjizat-mukjizat yang luar biasa, bahkan orang membawa sapu tangan atau kain yang pernah dipakai oleh Paulus dan meletakkannya atas orang-orang sakit, maka lenyaplah penyakit mereka dan keluarlah roh-roh jahat" (Kisah Para Rasul 19:11-12).

Sama juga, kerja berkuasa Tuhan dapat berlaku melalui objek seperti sapu tangan dalam ruangan Tuhan. Betapa menakjubkan! Ada banyak kerja penyembuhan yang berlaku dengan sapu tangan yang saya doakan juga. Kuasa Tuhan tidak pernah hilang atau lupus tidak kira berapa lama peredaran masa, selagi keadilan Tuhan tidak dicabuli. Oleh itu, sapu tangan yang mengandungi kuasa Tuhan adalah sesuatu yang sangat berharga kerana ia dapat membuka ruangan Tuhan, tanpa mengambil kira masa dan lokasi.

Tetapi jika ia digunakan dengan cara yang salah oleh orang yang tidak mempunyai keimanan, tiada kerja Tuhan yang akan berlaku. Bukan sahaja orang yang berdoa dengan sapu tangan, tetapi juga orang yang didoakan perlu memenuhi kelayakan keadilan Tuhan. Mereka perlu percaya bahawa kuasa Tuhan terkandung di dalamnya. Keimanan orang yang berdoa untuk orang sakit dan keimanan orang sakit akan diukur dengan betul, dan kerja Tuhan akan ditunjukkan sejauh mana ia berlandaskan keadilan Tuhan.

Yosua Menghentikan Peredaran Matahari dan Bulan

Sebab mengapa dimensi yang lebih tinggi dapat memendamkan dimensi yang lebih rendah adalah kerana kekuatan cahaya dan peredaran masa yang berbeza. Lebih tinggi dimensi ruang, lebih terang cahaya dan lebih laju peredaran masa. Cahaya syurga keempat adalah yang paling terang dan diikuti syurga ketiga dan syurga kedua.

Berkenaan peredaran masa, ia lebih pantas di surga kedua berbanding syurga pertama, dan lebih pantas di syurga ketiga. Tetapi di syurga keempat, ia boleh jadi lebih pantas atau lebih perlahan. Ia akan berlaku seperti yang Tuhan inginkan dalam hatiNya. Tuhan boleh memanjangkannya, memendekkannya atau menghentikannya.

Kerja penciptaan, orang mati dihidupkan semula, dan penyembuhan suci berlaku menjangkaui masa dan ruang, dan semuanya berlaku dengan aliran masa yang terhenti. Itu sebabnya hal ini dapat berlaku sebaik sahaja ia diinginkan dalam hati atau sebaik sahaja perintah diberikan.

Semasa Yosua berperang dengan orang Amori, bulan dan matahari terhenti, dan ia merupakan 'tambahan kepada aliran masa' Yosua 10:13 menyatakan, "Maka berhentilah matahari dan bulanpun tidak bergerak, sampai bangsa itu membalaskan dendamnya kepada musuhnya." Ini adalah semasa Yosua berperang dengan orang Amori semasa penaklukan Tanah Kanaan. Apakah faktor yang boleh menyebabkan matahari terhenti sepanjang hari di syurga pertama?

Bumi perlu berputar sekali sehari, dan untuk matahari terhenti,

Bumi perlu berhenti berputar. Jika Bumi berhenti berputar walaupun sesaat, kesannya amat besar bukan sahaja terhadap Bumi tetapi juga banyak jasad lai di angkasa lepas. Tetapi bagaimanakah matahari boleh terhenti sepanjang hari?

Kita boleh mendapat jawapannya dalam ruangan Tuhan. Pada saat itu, Tuhan meliputi bukan sahaja Bumi malah seluruh syurga pertama dengan ruangan Tuhan. Jadi, sekurang-kurangnya pada saat itu, segala-galanya di syurga pertama selari dengan aliran masa dalam dunia rohani. Ini adalah tambahan aliran masa. Matahari terhenti sepanjang hari, jadi orang ramai fikir bahawa banyak masa telah berlalu. Tetapi sebenarnya, ia boleh jadi cuma seminit, ataupun sesaat.

Pada waktu itu, seluruh syurga pertama berada dalam aliran masa dunia rohani, jadi aliran fizikal masa tidak mempunyai kesan langsung. Walaupun jika hanya satu bahagian tertentu syurga pertama sahaja dan bukan keseluruhan syurga pertama diliputi ruangan Tuhan, tidak menjadi masalah, kerana bahagia lain ruangan fizikal akan masih berada dalam aliran masa ruangan fizikal.

Elia berlari lebih pantas daripada pedati raja

Dalam Alkitab, kita dapat lihat kes di mana seseorang boleh berada dalam aliran yang yang dipendekkan. Ini berlaku semasa Elia berlari melepasi pedati Raja Ahab, yang dicatatkan dalam 1 Raja-Raja 18. Aliran masa yang dipendekkan adalah lawan kepada aliran masa tambahan. Katakanlah seseorang diliputi ruangan dimensi keempat selama satu jam masa fizikal. Dala ruangan Tuhan, dia boleh memendekkan satu jam ini sesuka hatinya. Jika dia memendekkannya kepada 30 minit, ini tidak bermakna 30 minit yang selebihnya telah hilang. Ini bermakna satu jam dipadatkan kepada 30 minit.

Contohnya, katakanlah anda ada kain sepanjang 100 meter, dan berlari dari satu hujung ke satu hujung, ia mengambil masa 20 saat. Jadi, jika anda melipat kain menjadi separuh, berapa lama masa yang akan diambil? Jika panjangnya 50 meter, ia akan mengambil masa 10 saat. Jika anda melipat lagi kain, ia bertambah pendek, dan masa juga bertambah pendek. Tetapi kain ini tidak hilang.

Ini serupa dengan pemendekan masa dalam ruangan Tuhan. Elia berlari dengan kelajuan sendiri, tetapi dia dapat berlari lebih pantas daripada pedati raja kerana dia berada dalam aliran masa yang dipendekkan. Lazimnya, kapal terbang komersil terbang pada kelajuan kira-kira 900km, tetapi penumpang dalam kapal terbang tidak merasakan kelajuannya.

1 Raja-Raja 18:46 menyatakan, "Tetapi kuasa TUHAN berlaku atas Elia. Ia mengikat pinggangnya dan berlari mendahului Ahab sampai ke jalan yang menuju Yizreel." Pedati Raja Ahab agak laju kerana mahu mengelak hujan, dan Elia berlari lebih pantas daripada pedati ini. Dia dapat berlari lebih pantas daripada pedati kerana dia menggunakan ruangan Tuhan yang tidak mempunyai batasan masa dan ruang. Alkitab menyatakan bahawa 'kuasa TUHAN berlaku atas Elia'. Dengan kuasa Tuhan, tubuh Elia diliputi kuasaNya dan sesuatu yang menjangkaui had manusia telah berlaku.

Bergerak Melalui Ruangan Rohani

Dalam Kisah Para Rasul bab 8, Filipus menerima panduan Roh Kudus untuk bertemu sida-sida Ethiopia dalam perjalanan ke Yerusalem. Dia memberitahu tentang ajaran Yesus Kristus kepada sida-sida ini dan membaptiskannya. Filipus berada di padang pasir dalam perjalanan ke Gaza tetapi dalam sesaat dia muncul di Asdod. Ia sebenarnya merupakan pergerakan melalui ruangan fizikal yang serupa dengan 'teleportasi.' "Dan setelah mereka keluar dari air, Roh Tuhan tiba-tiba melarikan Filipus dan sida-sida itu tidak melihatnya lagi. Ia meneruskan perjalanannya dengan sukacita. Tetapi ternyata Filipus ada di Asdod. Ia berjalan melalui daerah itu dan memberitakan Injil di semua kota sampai ia tiba di Kaisarea" (Kisah Para Rasul 8:39-40).

Untuk teleportasi berlaku, seseorang perlu melalui laluan rohani yang disediakan oleh ruangan Tuhan. Apabila aliran masa terhenti dalam laluan rohani, seseorang boleh melakukan teleportasi.

Tuhan membenarkan ahli gereja kami secara tidak langsung mengalami gerakan dalam ruangan rohani jenis ini. Ia berlaku melalui pepatung. Pepatung yang ada di kawasan lain datang ke tempat kami dan hilang melalui laluan rohani yang dibentuk oleh ruangan Tuhan.

Sekumpulan pepatung muncul di tempat kami menjalankan percutian musim panas, dan ia memakan nyamuk dan serangga berbahaya lain. Pada waktu itu, pepatung yang telah matang berpindah dari satu tempat ke tempat lain. Ia berlaku pada tahun 2006 semasa perpindahan pepatung ini bermula. Ini boleh dikategorikan sebagai pergerakan mendatar dan pergerakan menegak, menurut jenis laluan rohani.

Apa yang lebih menakjubkan, apabila ahli gereja memanggil pepatung, ia tidak takut akan manusia tetapi hinggap di hujung jari dan badan ahli gereja. Pepatung amat bermanfaat kerana ia makan serangga berbahaya pada musim panas. Saya ingat lagi semasa zaman kanak-kanak, sukar untuk menangkap walaupun seekor pepatung. Ia akan terbang apabila merasakan kehadiran manusia berdekatan dengannya. Sudah beberapa lama, sukar untuk melihat pepatung di Seoul, dan kemunculan sekumpulan pepatung benar-benar membuktikan kerja Tuhan.

Pada tahun berikutnya, 2007, pepatung mula muncul pada permulaan awal Julai. Pepatung lazimnya muncul dari hujung musim panas dan sepanjang musim luruh. Semasa pepatung masih dalam peringkat larva, ia melalui laluan rohani, dan larva menjadi pepatung matang. Semasa ia melalui ruangan empat dimensi, pertumbuhannya dipercepatkan. Jadi, pepatung dapat muncul lebih awal daripada biasa pada tahun itu.

Selain itu, pada tahun 2008, bukan sahaja waktu kemunculan, malah jumlah pepatung juga terkawal. Banyak kumpulan pepatung mula turun dari langit bermula minggu pertama Julai. Pelbagai kumpulan misi gereja kami mengadakan percutian musim panas mereka di lokasi berbeza di Korea Selatan, dan semua ahli gereja menyaksikan pepatung turun dari atas, di langit di sekeliling matahari. Pepatung tidak pergi ke tempat-tempat lain. Ia kekal di kawasan di mana ia turun dan dapat dilihat hinggap di tangan, muka dan bahu ahli gereja.

Tema percutian musim panas pada tahun itu adalah 'Ruangan Rohani', dan kegembiraan para penganut amatlah hebat. Mereka dapat memahami mesej dengan menyaksikan contoh sebenar pepatung bergerak melalui ruangan rohani dan datang kepada mereka. Melalui percutian ini, keimanan ahli gereja meningkat ke tahap yang lebih tinggi. Kerja yang sama berlaku di semua cawangan gereja, bukan sahaja di Korea tetapi di seluruh dunia.

Ia juga berlaku semasa percutian musim panas tahun 2009. Setiap kumpulan misi mengadakan percutian musim panas masing-masing, dan lebih banyak pepatung muncul berbanding tahun sebelumnya. Para penganut melihat beribu-ribu pepatung turun dari langit di sekeliling matahari, melalui ruangan rohani yang telah dibuka. Semasa kumpulan pepatung turun dari langit, ia berkelip-kelip dan kelihatan seperti kepingan salji.

Apabila anak Israel merentasi Laut Merah yang dibelah oleh angin yang kuat, ruangan rohani dibuka untuk mereka di sana. Betapa kuatnya angin yang mampu membelah laut! Manusia tidak akan mampu berdiri dengan angin yang bertiup kencang. Tetapi lebih daripada dua juta orang Israel berjalan dengan tenang d tengah-tengah angin kencang. Ini kerana laluan rohani telah dibentuk untuk menahan angin daripada memberi kesan kepada mereka. Kemudian, apa yang berlaku apabila mereka merentasi Sungai Jordan untuk ke Tanah Kanaan?

Yosua 3:15-16 menyatakan, "Segera sesudah para pengangkat tabut itu sampai ke sungai Yordan, dan para imam pengangkat tabut itu mencelupkan kakinya ke dalam air di tepi sungai itu--sungai Yordan itu sebak sampai meluap sepanjang tepinya selama musim menuai, maka berhentilah air itu mengalir. Air yang turun dari hulu melonjak menjadi bendungan, jauh sekali, di dekat Adam, kota yang terletak di sebelah Sartan, sedang air yang turun ke Laut Araba itu, yakni Laut Asin, terputus sama sekali. Lalu menyeberanglah bangsa itu, di tentangan Yerikho."

Dari tempat di mana bani Israel berada, air dari hulu menjadi bendungan dan air di hilir terus mengalir. Pada waktu itu, ruangan rohani dicipta dalam bentuk yang serupa dengan empangan.

Pelbagai Cara Laluan Rohani Telah Digunakan

Jika kita boleh menggunakan laluan rohani dengan baik, kita juga akan dapat mengawal keadaan cuaca. Contohnya, katakanlah dua kawasan khusus sedang dilanda banjir, dan satu lagi kemarau. Jika kita menggerakkan awan hujan di kawasan banjir ke kawasan kering, kita akan menyelesaikan masalah kedua-dua kawasan.

Hujan yang tidak diduga di Israel adalah satu contoh. Pada bulan September 209, saya berdoa untuk beberapa perkara semasa saya sedang bersedia untuk satu perhimpunan di Israel. Israel sedang dilanda kemarau yang berpanjangan selama lima tahun. Paderi di Israel menerangkan situasi mereka dan meminta saya supaya berdoa tentang hal ini.

Jika permintaan begini, yang merupakan kepentingan sebuah negara, akan ditunaikan, ada beberapa syarat yang perlu ada. Syaratnya adalah presiden atau pemimpin pada tahap yang sama mesti meminta doa dengan penuh keimanan, atau majoriti rakyatnya meminta doa dengan penuh keimanan. Tetapi disebabkan kasihan dengan situasi ini, saya berdoa untuk mereka pada hari pertama dan kedua perhimpunan untuk hujan turun di Israel dan meredakan kemarau mereka.

Apakah yang berlaku? Israel mempunyai penanda jelas antara

musim hujan dan musim kering. September adalah musim kering, dan hujan amat jarang turun pada bulan September. Kadang kala hujan akan turun sedikit pada hujung bulan Oktober, dan musim hujan akan bermula pada bulan Disember sehingga Februari tahun berikutnya. Dan disebabkan kemarau yang berpanjangan, aras air Laut Galilee telah mencecah tanda aras merah rendah, iaitu 208 meter. Ini adalah aras paling rendah di mana air tidak lagi dapat diambil dari laut.

Tetapi sehari selepas perhimpunan berakhir, hujan turun di bahagian utara Israel. Pada 13 September, hari Ahad, mereka menerima hujan yang lebat di Yerusalem dan juga Tel Aviv. Paderi Israel bergembira dan mengagungkan Tuhan dengan menyatakan bahawa hujan turun disebabkan doa saya. Tetapi ia belum berakhir. Mereka mendapat lebih banyak hujan pada minggu seterusnya, dan Jabatan Sumber Air Israel menyatakan bahawa hujan dalam tempoh dua hari ini sahaja adalah sama jumlahnya dengan purata hujan yang turun pada bulan September dan Oktober. Ia sesuatu yang mustahil menurut keadilan Tuhan, tetapi Tuhan mendengar doa dan membenarkan mereka menerima hujan, dengan tidak mengambi kira keadilan.

Ada banyak taufan dan ribut yang membawa kecelakaan di seluruh dunia. Jika kita boleh mengubah haluan ribut dan taufan ke tempat yang tidak berpenghuni, tiada masalah yang akan timbul.

Dua taufan sedang menghampiri Filipina semasa saya ke sana untuk perhimpunan pada tahun 2001. Taufan ke-16, "Nari" dan taufan ke-19, "Lekima" menghampiri Filipina dengan angin kencang seperti ribut. Jika taufan datang seperti yang diramalkan, kami tidak akan dapat mengadakan perhimpunan. Semasa sidang akhbar di sana, wartawan bertanya kepada saya sama ada perhimpunan akan dapat dijalankan disebabkan taufan.

Pada waktu itu saya berkata, "Taufan akan hilang kuasa atau mengubah arahnya. Tidak akan ada taufan atau hujan semasa perhimpunan, jadi cubalah hadir." Taufan Nan lenyap sejurus sebelum perhimpunan, dan Lekima tiba-tiba sahaja mengubah haluan, dan tidak melanda Filipina. Kami berjaya mengadakan perhimpunan tanpa sebarang masalah.

Kita dapat menghentikan bukan sahaja taufan malah bencana alam lain seperti letusan gunung berapi atau gempa bumi jika kita menggunakan ruangan rohani. Kita cuma perlu meliputi sumber letusan gunung berapi atau gempa bumi dengan ruangan Tuhan, dan semuanya dapat dilaksanakan apabila ia betul menurut keadilan Tuhan. Contohnya, untuk menghentikan bencana yang menyebabkan kerosakan negara, pemimpin negara itu sepatutnya meminta untuk doa. Dan juga, walaupun ruangan rohani terbuka, keadilan syurga pertama tidak boleh diabaikan. Ruangan rohani kan berkesan tetapi terhad kepada sejauh mana tiada kekeliruan di syurga pertama selepas ruangan rohani diangkat. Tuhan memerintahkan semua syurga dengan sifat Maha Berkuasa, dan Dia ialah Tuhan kasih sayang dan keadilan.

Kasih Sayang yang Melampaui Keadilan

Dalam Kejadian bab 18, kita dapat membaca bahawa Tuhan memberitahu Ibrahim terlebih dahulu tentang apa yang akan berlaku terhadap Sodom dan Gomorrah. "Sesudah itu berfirmanlah

TUHAN: „Sesungguhnya banyak keluh kesah orang tentang Sodom dan Gomorrah dan sesungguhnya sangat berat dosanya. Baiklah Aku turun untuk melihat, apakah benar-benar mereka telah berkelakuan seperti keluh kesah orang yang telah sampai kepada-Ku atau tidak; Aku hendak mengetahuinya" (Kejadian 18:20-21).

Sodom dan Gomorrah perlu dihukum atas dosa mereka menurut undang-undang keadilan, tetapi Tuhan memberitahu Ibrahim terlebih dahulu kerana anak saudaranya Lut tinggal di sana. Hati Tuhan yang mahu memberikan mereka satu lagi peluang. Ini adalah kasih sayang dan keadilan Tuhan.

Kemudian, Ibrahim meminta Tuhan menyelamatkan Sodom sebanyak lima kali. Pada mulanya, dia meminta supaya jangan memusnahkan jika ada 50 orang yang beriman, kemudian 45, kemudian 40, 30, 20 dan akhirnya hanya 10 orang. "Katanya: „Janganlah kiranya Tuhan murka, kalau aku berkata lagi sekali ini saja. Sekiranya sepuluh didapati di sana?" ?' FirmanNya: „Aku tidak akan memusnahkannya kerana sepuluh itu'" (Kejadian 18:32).

Sebagai seorang makhluk biasa, Ibrahim berani meminta kepada Tuhan. Ini menunjukkan kepada kita bahawa dia mempunyai hati Yesus dan menjadi satu dengan Tuhan. Dia meminta dengan penuh kasih sayang untuk menggerakkan hati Tuhan dan menyelamatkan orang ramai, dan Tuhan tersentuh dengan kasih sayangnya dan berjanji untuk melakukan apa yang diminta.

Tuhan bekerja dengan kasih sayang dalam lingkungan keadilan. Jadi, Dia mahu menunjukkan belas ihsan dan belas kasihan walaupun semasa Dia menghukum Sodom dan Gomorrah, dan Dia memberikan satu lagi peluang dengan kasih sayang yang menjangkaui keadilan, melalui doa Ibrahim yang beriman.

Sodom dan Gomorrah akhirnya dihukum kerana mereka tidak mempunyai walaupun 10 orang yang beriman di kalangan mereka, tetapi anak saudara Ibrahim, Lut dan keluarganya, diselamatkan. Ini kerana Lut berada dalam ruangan Ibrahim, yang amat dikasihi oleh Tuhan. Dalam erti kata lain, disebabkan Tuhan amat menyayangi Ibrahim, Tuhan meliputi Lut dan ahli keluarganya dengan ruangan rohani kerana memikirkan Ibrahim.

Seperti yang diterangkan, segala-galanya boleh dikawal dalam kasih sayang dan keadilan Tuhan, dalam ruangan Tuhan. Kasih sayang membatalkan keadilan tanpa mencemarinya. Untuk menjadikan sesuatu seperti ini berlaku, seseorang perlu menggemburkan hati yang berlandaskan keadilan syurga keempat. Iaitu, apabila seseorang telah menggemburkan hati yang satu dengan hati Tuhan, dia dapat menunjukkan kerja Tuhan yang melangkaui keadilan tanpa mencemarkan keadilan syurga keempat.

Masalahnya di sini adalah bagaimana seseorang dapat menggemburkan hati Tuhan. Sehingga hal ini berlaku, hanya dengan keimanan dan kasih sayang seseorang dapat mengatasi ujian getir yang tidak dapat dibayangkan oleh manusia. Dia perlu membalas menurut keadilan Tuhan, dengan melalui setiap langkah dalam ujian, sehingga dia dapat menggunakan ruangan Tuhan setelah mempelajari keadilan syurga keempat.

Ibrahim juga melalui banyak ujian dan cabaran sehingga dia digelar 'kawan Tuhan'. Semasa dia berumur 70 tahun, Tuhan memberitahunya bahawa satu bangsa agung akan dilahirkan melaluinya, tetapi selepas lebih 20 tahun dia masih belum mendapat anak. Namun semasa dia berumur 99 tahun, semasa Sarah berumur 89 tahu dan sudah tidak mampu hamil, Tuhan akhirnya memberitahunya bahawa dia akan mendapat anak lelaki pada tahun berikutnya.

Ini sesuatu yang amat mustahil bagi fikiran manusia, tetapi Ibrahim meletakkan kepercayaan kepada Tuhan dan tidak pernah ragu-ragu. Tuhan mengakui keimanannya sebagai kebenaran, dan seperti yang dia percaya, dia mendapat anak bernama Ishak. Tetapi semasa Ishak sedang membesar dengan baik, Tuhan meminta Ibrahim untuk mengorbankan Ishak sebagai korban bakar. Ibrahim percaya bahawa Tuhan akan menghidupkan semula anaknya jika dia memberikan Ishak sebagai korban bakar, kerana Tuhan telah memberitahunya bahawa ramai keturunan akan lahir daripada Ishak. Dia dapat memberikan satu-satunya anaknya, Ishak, tanpa ragu-ragu kerana dia benar-benar mengagungkan Tuhan.

Selepas Ibrahim menjalani semua ujian dan cabaran, Tuhan menggelarkannya 'kawan Tuhan' dan mengakuinya sebagai 'bapa keimanan.' Selepas ujian terakhir iaitu menyerahkan satu-satunya anaknya Ishak sebagai korban bakar, dia menerima rahmat yang melimpah ruah, seperti anak-anak, kesihatan kekayaan dan umur yang panjang.

Tuhan mencari anak-anak sejati yang dapat menerima rahmat dan memimpin banyak jiwa ke jalan penyelamatan melalui doa penuh keimanan dan kasih sayang seperti yang dilakukan oleh Ibrahim. Tuhan menunjukkan kita kerja penciptaan, mengawal kehidupan dan kematian, dan kerja yang menjangkaui ruangan dan masa kerana Dia mahukan anak-anak sejati yang mempunyai hati Tuhan.

Kejadian 18:17-19 menyatakan, "Berfikirlah TUHAN:

„Apakah Aku akan menyembunyikan kepada Abraham apa yang hendak Kulakukan ini. Bukankah sesungguhnya Abraham akan menjadi bangsa yang besar serta berkuasa, dan oleh dia segala bangsa di atas bumi akan mendapat berkat? 'Sebab Aku telah memilih dia, supaya diperintahkannya kepada anak-anaknya dan kepada keturunannya supaya tetap hidup menurut jalan yang ditunjukkan TUHAN, dengan melakukan kebenaran dan keadilan, dan supaya TUHAN memenuhi kepada Abraham apa yang dijanjikanNya kepadanya.'"

Kalaulah kita faham prinsip asas ruangan Tuhan yang diterangkan sehingga ini, kita akan dapat memahami banyak kejadian dalam Alkitab dengan lebih mendalam, dan kita juga akan mengalaminya dalam kehidupan kita. Kita akan dapat menjangkaui had manusia jika kita menjadi anak-anak sejati Tuhan dengan mempercayai Tuhan dan mendapatkan semula imejNya yang hilang. Atas alasan ini Yesus yang dibangkitkan semula memberikan kita kata-kata terakhir sebelum Dia naik ke Syurga. "Tetapi kamu akan menerima kuasa, kalau Roh Kudus turun ke atas kamu, dan kamu akan menjadi saksiKu di Yerusalem dan di seluruh Yudea dan Samaria dan sampai ke hujung bumi" (Kisah Para Rasul 1:8).

Apakah jalan pintas untuk menerima kuasa Tuhan dan menjadi saksi Yesus? Ia adalah dengan menyucikan hati, berdoa dengan tekun untuk menjadi manusia roh terasuh, supaya kita akan dapat menggunakan ruangan Tuhan. Selain itu, kita perlu berusaha untuk menegakkan keadilan dan kasih sayang Tuhan dengan sepenuhnya untuk dapat mewarisi tempat tinggal paling cantik di Baitulmuqaddis Baru dan juga ruangan Tuhan.

Bab 2

Imej Tuhan

Kita dapat mengembalikan semula imej Tuhan yang hilang apabila kita menjadi anak Tuhan yang sejati yang mempunyai hati Tuhan. Tetapi ini tidak bermakna yang dia boleh menjadi Tuhan sendiri. Tuhan boleh wujud dalam bentuk cahaya tanpa apa-apa bentuk, atau Dia boleh mengambil apa jua bentuk.

Tuhan Mengambil Bentuk untuk Penggemburan Manusia

Manusia Diciptakan Menurut Imej Tuhan

Mengapa Kita Tidak Dapat Melihat Wajah Tuhan Secara Terus

Saiz Bentuk Tuhan

Imej Tuhan pada Pandangan Hawari Yohanes

Terlibat dalam Sifat Suci

Apakah jenis bentuk Tuhan? Berapa besarkah Tuhan?

Apabila kita menerima Yesus Kristus dan mengetahui lebih banyak tentang Tuhan, kita patut ingin tahu tentang imej Tuhan dan juga kerajaan syurga. Apabila anak-anak dipisahkan daripada ibu bapa untuk jangka masa yang lama, mereka akan merindui dan menyayangi ibu bapa mereka. Ia sama dengan kita yang mencari Tuhan dan menginginkanNya, jauh dalam sifat diri kita.

Matius 5:8 menyatakan, "Berbahagialah orang yang suci hatinya, karena mereka akan melihat Tuhan." 'Menjadi suci dalam hati' bermakna 'tidak menetapkan pemikiran terhadap perkara-perkara tidak bermakna tetapi menjadi suci dan bersih dalam kebenaran.' Ini adalah hati yang tidak tercela dan bersih, dan dengannya kita tidak memikirkan apa-apa perkara jahat atau kurang ajar. Dikatakan bahawa orang yang suci hatinya akan melihat Tuhan, tetapi apakah maksudnya? Ini tidak bermakna yang mereka akan melihat Tuhan iaitu entiti asal sendiri. Ini bermakna yang mereka akan mengalami Tuhan dengan mendapat apa sahaja yang mereka minta kepadaNya.

Tetapi ini tidak bermakna yang manusia tidak akan dapat melihat imej Tuhan langsung. Ini hanya bermakna yang mereka tidak dapat melihat wajah Tuhan secara terus (Keluaran 33:20). Tuhan adalah roh, jadi kita tidak akan dapat tahu imej Tuhan sepenuhnya kerana kita tidak dapat melihat Tuhan dengan jelas.

Tetapi Tuhan menyatakan bahawa kita dicipta berdasarkan imejNya, jadi kita anggarkan bahawa Tuhan dan kita berkongsi sesuatu yang sama dari segi rupa. Kita boleh bayangkan apakah rupa Tuhan daripada Alkitab, yang merupakan wahyu tentang Tuhan.

Tuhan Mengambil Bentuk untuk Penggemburan Manusia

Kita dapati dalam Keluaran 3:14 Tuhan menerangkan DiriNya sebagai "AKU ADALAH AKU." Dia adalah makhluk sempurna yang wujud oleh DiriNya sendiri sebelum masa bermula. Manusia mempunyai pengetahuan yang terhad, jadi kita fikir tentu ada permulaan bagi segala-galanya. Itu sebabnya Tuhan menggunakan perkataan 'permulaan' tetapi ia hanya untuk pemahaman kita.

Yohanes 1:1 berkata, "Pada mulanya adalah Firman; Firman itu bersama-sama dengan Tuhan dan Firman itu adalah Tuhan." Dan Kejadian 1:1 menyatakan, "Pada mulanya Tuhan menciptakan langit dan bumi."

Tuhan menciptakan manusia semasa Dia menciptakan langit dan bumi dan segala-gala di dalamnya, dan oleh itu, 'permulaan' dalam buku Kejadian menetapkan satu hubungan dengan manusia. Sebaliknya, permulaan yang disebutkan dalam Yohanes bab 1 adalah satu titik masa sebelum masa penciptaan. Tambahan pula, ia tiada kaitan dengan manusia.

Pada permulaan, Tuhan wujud dalam ruangan iaitu dunia rohani, yang ghaib pada mata kita. Tuhan wujud sebagai cahaya yang indah dan bersinar terang dan memerintah segala-gala yang berada dalam ruangan alam semesta. Tuhan mempunyai kemanusiaan dan juga ketuhanan, dan atas alasan ini Tuhan merancang penggemburan manusia untuk mendapatkan anak-anak sejati dan mula wujud sebagai Trinitas: Tuhan Bapa, Anak dan Roh

Kudus.

Pada saat itulah Tuhan mula mempunyai imej. Kejadian 1:26 menyatakan, "Berfirmanlah Tuhan: „Baiklah Kita menjadikan manusia menurut gambar dan rupa Kita...'"

Tentu sekali, ia bukan bentuk fizikal seperti manusia. Ia adalah imej rohani untuk mewujudkan Tuhan yang merupakan roh. Malaikat, askar syurga, atau kerubin adalah makhluk rohani tetapi mereka juga mempunyai bentuk tertentu. Tuhan juga pada mulanya tidak mempunyai bentuk tertentu, tetapi pada suatu tahap Dia perlu mempunyai bentuk khusus.

Tuhan Trinitas mempunyai bentuk untuk kita manusia, dan apabila Tuhan menciptakan Dunia, iaitu pada peringkat penggemburan manusia, Dia turun ke Dunia. Dia mencari apa yang diperlukan oleh Dunia pada masa depan dan bagaimana dia dapat menciptakannya. Kemudian Dia mula mencipta semua perkara.

Manusia Diciptakan Menurut Imej Tuhan

Tuhan Trinitas menciptakan manusia menurut imejNya pada hari keenam kejadian. Ini tidak bermakna yang hanya perwatakan luaran manusia yang serupa dengan imej Tuhan. Ia juga bermakna hati kita diciptakan menurut hati Tuhan.

Tetapi selepas Adam ingkar, manusia kehilangan imej asal yang mereka terima semasa mereka diciptakan, dan mereka semakin lama semakin dicemari dosa. Adam hilang imej Tuhan tidak bermakna imej luaran juga hilang, tetapi ini bermakna dia kehilangan sifat-sifat Tuhan, yang merupakan haruman suci. Manusia terdiri daripada roh, jiwa dan jasad, tetapi disebabkan dosa, roh semua manusia 'mati.' Sejak itu, mereka tiada bezanya dengan haiwan yang diciptakan hanya dengan jiwa dan jasad.

Tetapi apabila tiba masanya, Tuhan menghantar Yesus ke dunia untuk membuka jalan penyelamatan supaya semua orang dapat diselamatkan. Bagi sesiapa yang menerima Yesus Kristus, Tuhan memberikannya Roh Kudus sebagai hadiah. Kemudian, rohnya yang mati akan dihidupkan semula, dan dia akan mula mendapatkan semula imej Tuhan yang hilang. Tuhan yang Maha Suci mahukan anak-anakNya mempunyai kesucian dalam diri mereka juga. Sebab itu Dia menasihatkan kita dengan berkata, "Kuduslah kamu, sebab Aku kudus" (1 Petrus 1:16).

Tuhan tidak melihat paras rupa, tetapi hati setiap orang. Kita akan menjadi anak Tuhan yang sejati jika kita menentang dan membuang dosa sehingga ke tahap menumpahkan darah, dan menyingkirkan semua jenis kejahatan. Kita akan mendapatkan semula imej Tuhan yang hilang dan memberikan cahaya yang terang daripada bentuk rohani kita, sejauh mana kita menyerupai Tuhan yang merupakan Cahaya.

1 Yohanes 5:18 menyatakan, "Kita tahu, bahawa setiap orang yang lahir dari Tuhan, tidak berbuat dosa; tetapi Dia yang lahir dari Tuhan melindunginya, dan si jahat tidak dapat menjamahnya." Tuhan melindungi manusia yang hidup berdasarkan Firman Tuhan dan tidak melakukan dosa. Disebabkan cahaya yang terang, musuh iaitu iblis dan Syaitan tidak akan dapat mendekati mereka.

Tujuan Tuhan menciptakan dunia dan manusia adalah untuk mendapatkan anak-anak sejati yang mempunyai imej Tuhan. Tetapi hampir semua manusia, sejak penciptaan lagi, tidak menggemburkan imej Tuhan. Ada ramai manusia yang dilahirkan selepas Adam, tetapi hanya sebahagian daripada mereka yang mempunyai jenis hati yang Tuhan mahu mereka ada. Manusia begini berjalan dengan Tuhan dan menyerlahkan keagunganNya dalam hidup mereka. Mereka menjalankan banyak kerja berkuasa yang di luar imaginasi manusia. Elia membawa turun api dari

Syurga; Ibrahim menyerahkan satu-satunya anak lelakinya Ishak sebagai korban; hawari Paulus setia dengan sepenuh kehidupannya dan kasih sayang. Apabila Tuhan menyaksikan manusia begini, Dia amat gembira.

Sebaliknya, walaupun di kalangan orang yang digunakan untuk kerajaan Tuhan, ada sesetengah orang yang tidak dapat dianggap sebagai 'manusia beriman yang sejati.' Contohnya dalam kes Elisha, dia belajar segala-galanya daripada Elia dan menerima dua kali ganda inspirasi Elia. Tetapi hatinya tidak sempurna seperti Elia (2 Raja-Raja 2:24). Apabila kanak-kanak mengikutnya dan mengejeknya, dia akhirnya menyumpah mereka. Dua ekor beruang betina keluar dan membaham 42 orang kanak-kanak.

Lut juga melihat kebaikan Ibrahim, namun dia tidak dapat menggemburkan hati kebaikan seperti Ibrahim. Dia menerima rahmat kekayaan disebabkan Ibrahim dan dalam situasi yang berbahaya, nyawanya diselamatkan oleh Ibrahim. Namun, dia masih tidak dapat menggemburkan hati yang sempurna.

Tentu sekali, Elisha melaksanakan banyak perkara menakjubkan dan orang ramai menyatakan yang dia orang yang beriman. Tetapi ini kerana mereka menghormatinya sebagai nabi. Manusia beriman yang sebenar bukanlah manusia yang hanya dapat digunakan oleh Tuhan untuk melaksanakan tujuan Tuhan pada saat itu. Ini adalah manusia yang mendapatkan imej Tuhan, dan mempunyai hati yang suci dan bersih, yang bebas daripada cela atau kekotoran.

Mengapa Kita Tidak Dapat Melihat Wajah Tuhan Secara Terus

Sejak kejatuhan Adam, tiada sesiapa dalam syurga pertama yang mampu untuk melihat wajah Tuhan secara terus, Tuhan yang merupakan Cahaya sendiri. Tuhan adalah roh dan kita tidak dapat melihatnya dengan mata kasar. Tambahan pula, Keluaran 33:20 menyatakan, "Engkau tidak tahan memandang wajahKu, sebab tidak ada orang yang memandang Aku dapat hidup!"

Elia diangkat ke Syurga tanpa berdepan kematian, namun dia tidak dapat melihat wajah Tuhan secara terus. 1 Raja-Raja 19:12-13 menyatakan, "Dan sesudah gempa itu datanglah api. Tetapi tidak ada TUHAN dalam api itu. Dan sesudah api itu datanglah bunyi angin sepoi-sepoi basa. Segera sesudah Elia mendengarnya, ia menyelubungi mukanya dengan jubahnya, lalu pergi ke luar dan berdiri di pintu gua itu Maka datanglah suara kepadanya yang berbunyi: „Apakah kerjamu di sini, hai Elia?'" Elia menutup wajahnya dengan jubah apabila mendengar sedikit bunyi daripada Tuhan.

Hakim-Hakim 13:22 juga menyatakan, "Berkatalah Manoah kepada isterinya, 'Kita pasti mati, sebab kita telah melihat Tuhan.'" Manoah adalah bapa kepada Samson. Yesaya juga menyatakan, "Celakalah aku! Aku binasa! Sebab aku ini seorang yang najis bibir, dan aku tinggal di tengah-tengah bangsa yang najis bibir, namun mataku telah melihat Sang Raja, yakni TUHAN semesta alam" (Yesaya 6:5).

Manusia terbunuh walaupun mereka mencemari tempat atau objek yang diasingkan untuk Tuhan. Inilah yang berlaku kepada beberapa orang di Bet-Semes yang telah dibunuh kerana mereka telah melihat tabut TUHAN (1 Samuel 6:19).

Kerana manusia mati jika mereka melihat wajah Tuhan secara terus, Tuhan hanya menyerlahkan diriNya secara tidak langsung. Dia menunjukkan diriNya dalam bentuk api dalam belukar, atau dalam api atau dalam awan. Kadang kala Dia menunjukkan diriNya dalam keajaiban seperti membelah Laut Merah dan menghentikan matahari dan bulan; atau mukjizat seperti orang lumpuh dapat berdiri, orang buta dapat melihat, orang pekak dapat mendengar, orang bisu dapat bercakap, dan orang yang mati dihidupkan semula.

Tuhan juga menunjukkan imejNya melalui Yesus Kristus seperti yang dinyatakan dalam Kolose 1:15 "Ia adalah gambar Tuhan yang tidak kelihatan, yang sulung, lebih utama dari segala yang diciptakan." Yohanes 1:18 menyatakan, " Tidak seorangpun yang pernah melihat Tuhan; tetapi Anak Tunggal Tuhan, yang ada di pangkuan Bapa, Dialah yang menyatakanNya" dan dalam Yohanes 14:9 Yesus berkata "Barang siapa telah melihat Aku, ia telah melihat Bapa; bagaimana engkau berkata: Tunjukkanlah Bapa itu kepada kami'?"

Hari ini, ramai orang menyatakan yang mereka percaya dengan Tuhan tetapi mereka tidak tahu siapa Dia sebenarnya, dan mereka tidak memahami hati dan kehendakNya. Mereka membayangkan Tuhan dengan menggunakan konsep diri mereka sendiri. Ia seperti katak yang tinggal di dalam telaga yang melihat langit yang bulat dan kecil itu seolah-olah keseluruhan langit. Sama juga, orang begini tidak dapat berkongsi kasih sayang sebenar dengan Tuhan Bapa, dan selain itu, apabila mereka melihat orang yang dikasihi Tuhan, mereka fikir hal ini sesuatu yang pelik.

Yesus Menunjukkan Imej Tuhan

Mengapakah Yesus menyatakan dalam Yohanes 14:9, "Barang siapa telah melihat Aku, ia telah melihat Bapa"? Yesus berada dalam Tuhan Bapa, dan Tuhan berada dalam Yesus, dan bersama Mereka adalah satu. Atas alasan ini, kata-kata yang disebutkan oleh Yesus bukanlah kata-kataNya sendiri, tetapi diberikan oleh Tuhan Bapa.

Dalam Yohanes 12:49-50, Dia menyatakan, "Sebab Aku berkata-kata bukan dari diriKu sendiri, tetapi Bapa, yang mengutus

Aku, Dialah yang memerintahkan Aku untuk mengatakan apa yang harus Aku katakan dan Aku sampaikan. 'Dan Aku tahu, bahawa perintahNya itu adalah hidup yang kekal. Jadi apa yang Aku katakan, Aku menyampaikannya sebagaimana yang difirmankan oleh Bapa kepadaKu" dan dalam Matius 15:30-31, "Kemudian orang banyak berbondong-bondong datang kepadaNya membawa orang lumpuh, orang tempang, orang buta, orang bisu dan banyak lagi yang lain, lalu meletakkan mereka pada kaki Yesus dan Ia menyembuhkan mereka semuanya. Maka takjublah orang banyak itu melihat orang bisu berkata-kata, orang tempang sembuh, orang lumpuh berjalan, orang buta melihat, dan mereka memuliakan Tuhan Israel."

Apabila Yesus mengakui kepada Bapa dengan kata-kata, Tuhan menunjukkan bahawa Dia Maha Berkuasa melalui tanda, mukjizat dan perkara-perkara yang menakjubkan. Orang yang percaya dan mengikut Yesus dapat melihat kuasa Tuhan dan memberikan keagungan kepada Tuhan. Tetapi orang yang tidak mempercayai Yesus meninggalkanNya dan lari. Mereka tidak mempercayai Yesus walaupun mereka telah menyaksikan kerja Tuhan yang menakjubkan, hanya kerana hal ini tidak selari dengan teori dan pengetahuan mereka sendiri.

Yesus dengan suka rela menanggung salib untuk memenuhi takdir penyelamatan kerana Dia benar-benar satu dengan Tuhan Bapa. Dia mempunyai satu hati dengan Tuhan yang mahu menyelamatkan manusia, yang berdosa, walaupun jalan ini adalah jalan penderitaan. Dia mempunyai kehendak yang sama dengan Tuhan bahawa Dia sendiri perlu menjadi korban tebusan. Atas sebab ini Yesus melakukan hal ini tanpa bantahan walaupun ia jalan yang amat sempit dan sukar untuk diterima oleh pemikiran manusia.

Mengapakah kita tidak boleh membuat imej Tuhan?

Dalam Keluaran bab 3, Tuhan memanggil Musa daripada api dalam belukar di Gunung Horeb. Dia menyuruh Musa untuk memimpin orang Israel yang menderita di Mesir ke tanah yang dijanjikan di Kanaan. Mengapakah Tuhan muncul dalam api di dalam belukar?

Lazimnya jika belukar terbakar, ia akan hangus. Namun, hal yang luar biasa berlaku dan belukar tidak terbakar dan api pun tidak padam. Tuhan mahukan Mua untuk melihat bahawa adanya dunia rohani yang tidak dapat dimusnahkan.

Belukar juga dianggap sebagai simbol 'sumpahan' dan oleh itu, orang suruhan Tuhan yang muncul dalam api belukar bermakna Tuhan yang mengawal, walaupun belukar keramat. Ini mewakili, dari segi rohani, bahawa musuh iaitu iblis dan Syaitan adalah di bawah kawalan Tuhan. Musa menjadi manusia yang layak pada pandangan Tuhan melalui ujian selama 40 tahun, dan akhirnya Tuhan memanggilnya untuk menjadikannya pemimpin Israel.

Namun kemudian, apabila Tuhan menunjukkan diriNya kepada orang Israel dalam bentuk api di Gunung Horeb, mereka hanya mendengar suaraNya tetapi tidak melihat apa-apa. Sekali lagi, Tuhan mengingatkan mereka kemudiannya dan melarang keras mereka untuk membuat apa-apa imej. "Hati-hatilah sekali-sebab kamu tidak melihat sesuatu rupa pada hari TUHAN berfirman kepadamu di Horeb dari tengah-tengah api, supaya jangan kamu berlaku busuk dengan membuat bagimu patung yang menyerupai berhala apapun: yang berbentuk laki-laki atau perempuan, yang berbentuk binatang yang di bumi, atau berbentuk burung bersayap yang terbang di udara, atau berbentuk binatang yang merayap di muka bumi, atau berbentuk ikan yang ada di dalam air di bawah bumi. Dan juga supaya jangan engkau mengarahkan matamu ke langit, sehingga apabila engkau melihat matahari, bulan dan bintang, segenap tentera langit, engkau disesatkan untuk sujud menyembah dan beribadah kepada sekaliannya itu, yang justeru diberikan TUHAN, Tuhanmu, kepada segala bangsa di seluruh kolong langit sebagai bagian mereka" (Ulangan 4:15-19).

Mengapakah Tuhan berkata begini? Manusia diciptakan dalam bentuk yang tetap, dan mereka ada kecenderungan untuk membuat bentuk bagi Tuhan juga. Tuhan khuatir jika mereka berbuat begini, mereka akan menghadkan sifat diri Tuhan dengan rangka pemikiran yang terhad dengan satu imej tetap. Jika mereka menghasilkan imej Tuhan, ia tidak akan membantu mereka memahamiNya dengan lebih baik, tetapi ia akan menghalang mereka daripada melihat imej sebenar Tuhan dengan ditipu oleh imej 'palsu'. Seterusnya, ini mungkin akan membawa mereka kepada penyembahan berhala, yang merupakan satu perkara yang paling dibenci Tuhan.

Tuhan adalah roh, dan bagaimana dapat kita membuat imej dan menunjukkan ciri-ciriNya? Jadi, apabila Musa meminta Tuhan menunjukkan diriNya, Dia berjanji bahawa Dia akan menunjukkan semua imej kebaikan dan bukannya imej material yang sebenar.

Seperti air yang membeku menjadi ais, atau mendidih menjadi gas, Tuhan boleh menunjukkan diriNya dalam pelbagai bentuk. Dengan cara ini, Dia membantu manusia untuk memahamiNya dengan lebih baik, kerana Dia roh dan manusia mempunyai had fizikal masing-masing.

Saiz Bentuk Tuhan

Banyak bahagian Alkitab mempunyai beberapa ekspresi tentang bahagian tubuh Tuhan, 'MataMu' (1 Raja-Raja 8:29), 'telinga'

(Nehemia 1:6), dan 'tangan' (Yesaya 65:2). Adakah ekspresi ini hanya mempunyai makna simbolik? Tidak begitu.

Tuhan tidak wujud sebagai kekosongan tanpa bentuk. Dia mempunyai bentuk tertentu, dan ini bermakna Dia adalah bahan. Tetapi Dia berbeza daripada manusia kerana Dia mempunyai bentuk yang merupakan roh sendiri tanpa jasad fizikal manakala manusia mempunyai roh, jiwa dan jasad. Tuhan ada dalam bentuk cahaya yang terang, dan kita tidak dapat melihatNya secara terus. Selain itu, Dia berbeza daripada manusia iaitu Adam pada mulanya ada bentuk dan kemudian dia dipenuhi kebenaran, manakala Tuhan adalah kebenaran dan kemudian barulah Dia mempunyai bentuk.

Sesetengah orang mungkin fikir bahawa Tuhan wujud dalam jasad yang amat besar kerana Dia adalah Pencipta yang menciptakan semua perkara di alam semesta dan memerintah segala-galanya. Tentulah, Dia ada bentuk yang besar,tetapi Dia dapat mengubah bentuknya sesuka hati. Oleh itu, kita tidak akan dapat memahami apa bentuk Tuhan jika kita berfikir dengan pemahaman manusia.

Walaupun jika kita masuk ke Syurga, kita akan tetap berbeza daripada Tuhan. Manusia akan mempunyai tubuh rohani dan melalui penggemburan manusia dalam tubuh fizikal di dunia ini. Namun, Tuhan boleh ada bentuk atau boleh keluar dari bentukNya sekarang. Tetapi manusia hanya akan mempunyai satu bentuk yang tidak akan berubah selama-lamanya di Syurga. Ia seperti kita dapat membuat apa-apa bentuk dengan plaster, tetapi apabila kita selesai membuat bentuk tertentu kita tidak dapat mengembalikannya ke bahan asal.

Tuhan dapat wujud hanya sebagai cahaya tanpa mempunyai bentuk, atau Dia juga boleh mempunyai bentuk. Dalam syurga keempat, Tuhan lazimnya tidak mempunyai bentuk dan Dia hanya wujud sebagai cahaya dan suara. Namun Dia mempunyai bentuk apabila Dia bersama para nabi atau apabila Dia turun ke syurga ketiga, iaitu kerajaan syurgawi. Dia mempunyai bentuk apabila Dia berada di tempat yang Dia sepatutnya mempunyai bentuk, dan Dia tidak mempunyai bentuk sekiranya tidak perlu. Dia juga dengan bebas mampu mengawal saiz bentukNya.

Contohnya, dalam syurga keempat, bahan tidak tetap dalam bentuk pepejal, cecair atau gas. Bahan yang sama boleh berubah bentuk dengan bebas seperti Tuhan yang menyimpan dalam hatiNya. Jadi, Tuhan pada asalnya wujud sebagai cahaya dan suara yang tidak mempunyai bentuk, tetapi apabila Dia turun ke Syurga Ketiga, Dia boleh mempunyai bentuk tertentu.

Manusia pertama, Adam, diciptakan berdasarkan imej Tuhan, iaitu imej Tuhan di syurga ketiga, yang juga merupakan imej yang akan kita lihat apabila kita masuk ke Syurga. Namun, walaupun Dia mempunyai bentuk yang sama, Dia kelihatan berbeza apabila berada di syurga keempat dan apabila Dia berada di syurga ketiga. Ini kerana cahaya, keagungan, maruah dan segala-galanya nampak berbeza mengikut dimensi berbeza.

Contohnya, sekeping kristal yang sama akan nampak berbeza bergantung kepada jenis cahaya serta tempat di mana kristal ini diletakkan. Sama juga, keagungan dan bentuk asal Tuhan dalam syurga keempat nampak berbeza dalam ruangan yang mempunyai dimensi yang lebih rendah. Walaupun dalam dunia rohani yang sama, bentuk ini nampak berbeza menurut dimensi berbeza, dan perbezaan ini lebih ketara jika Tuhan turun ke syurga pertama, iaitu ruangan fizikal.

Selain itu, melihat Tuhan dari dunia fizikal melalui bukaan dunia rohani dan melihat Tuhan yang datang ke dunia dengan mempunyai ruangan fizikal terhad, adalah tidak sama. Para nabi atau malaikat tidak dapat memakai ruang fizikal terhad, jadi walaupun mereka muncul dalam ruangan fizikal, mereka masih berada dalam ruangan rohani. Tetapi Tuhan boleh menggunakan apa sahaja ruangan yang disimpan dalam hatiNya kerana Dia merupakan Pencipta yang menciptakan semua jenis ruangan. Dia boleh muncul dalam ruangan fizikal sedang dalam ruangan rohani, dan Dia juga boleh muncul dalam bentuk fizikal, yang dapat dilihat oleh manusia.

Tuhan muncul melalui ayat-ayat kerohanian

Kita akan dapat lihat banyak rekod dalam Alkitab tentang Tuhan sendiri yang turun ke dunia semasa proses penggemburan manusia. Bagaimanakah Tuhan datang ke dunia ini?

Dinyatakan dalam Kejadian 11:5 bahawa, "Lalu turunlah TUHAN untuk melihat kota dan menara yang didirikan oleh anak-anak manusia itu," Tuhan sendiri turun ke dunia untuk melihat apa yang manusia sedang lakukan. Dan Dia turun melihat Musa seperti yang dinyatakan dalam Keluaran 19:18, "Gunung Sinai ditutupi seluruhnya dengan asap, kerana TUHAN turun ke atasnya dalam api; asapnya membumbung seperti asap dari dapur, dan seluruh gunung itu gegetar sangat" dan dalam Bilangan 11:25, "Lalu turunlah TUHAN dalam awan dan berbicara kepada Musa, kemudian diambilNya sebahagian dari Roh yang hinggap padanya, dan ditaruhNya atas ketujuh puluh tua-tua itu. Ketika Roh itu hinggap pada mereka, kepenuhanlah mereka seperti nabi. Tetapi sesudah itu tidak lagi."

Tuhan tidak terikat dengan perubahan dari segi aliran masa. Semua ruangan fizikal dan rohani adalah milikNya. Namun, Dia masih menggunakan ruang masuk rohani untuk turun ke dunia. Dia tidak perlu menggunakan ruang masuk rohani, tetapi Dia berbuat demikian supaya tidak melanggar peraturan keadilanNya sendiri.

Walaupun Tuhan sendiri ada di sana, manusia fizikal pada waktu itu tidak dapat melihatNya. Namun, manusia yang mempunyai mata kerohanian yang terbuka dan berkomunikasi dengan Tuhan akan dapat melihat Tuhan, bergantung kepada sejauh mana mereka telah masuk ke dalam roh. Tentu sekali, mereka tidak melihat Tuhan secara berdepan, tetapi mereka dapat melihat dan merasakan kehadiranNya dalam had yang dibenarkan oleh Tuhan.

Keluaran 33:11 menyatakan, "Dan TUHAN berbicara kepada Musa dengan berhadapan muka seperti seorang berbicara kepada temannya." Namun ini tidak bermakna yang Musa melihat wajah Tuhan secara langsung. Ini bermakna Tuhan menunjukkan diriNya kepada Musa dengan cara yang istimewa, supaya Musa tidak mati selepas melihat keagungan Tuhan. Ini kerana Musa lebih lemah dan merendah diri berbanding manusia lain di dunia, dan dia setia dalam semua rumah Tuhan.

Keluaran 33:18-19 menyatakan, "Tetapi jawabnya: „Perlihatkanlah kiranya kemuliaanMu kepadaku!' Tetapi firmanNya: „Aku akan melewatkan segenap kegemilanganKu dari depanmu dan menyerukan nama TUHAN di depanmu: Aku akan memberi kasih kurnia kepada siapa yang Kuberi kasih kurnia dan mengasihani siapa yang Kukasihani.'"

Namun dalam Keluaran 33:23, kita dapat fahami bahawa Musa tidak melihat wajah Tuhan, tetapi belakang badanNya. Dia lebih merendah diri dan lembut berbanding manusia lain di dunia dan setia dalam semua rumah Tuhan, namun dia tidak dapat melihat wajah Tuhan secara berdepan kerana dia terikat dengan had tubuh fizikal.

Tuhan muncul di hadapan Ibrahim

Dalam Kejadian bab 18, kita ketahui bahawa Ibrahim melayan

tiga orang sebaik yang mungkin. Ini adalah kejadian di mana Tuhan Roh Kudus dan dua ketua malaikat muncul dalam bentuk manusia. Tuhan Roh Kudus adalah satu dengan Tuhan Bapa, dan Dia boleh muncul dalam bentuk manusia kerana Dia memakai ruangan fizikal yang disimpan dalam hatiNya.

Jadi, bagaimana pula dua ketua malaikat boleh muncul dalam bentuk manusia? Mereka tidak dapat memakai ruangan fizikal dengan kebolehan sendiri, tetapi hal ini dapat dilaksanakan kerana mereka bersama Tuhan Roh Kudus dalam ruangan Tuhan Roh Kudus. Namun, kemunculan Tuhan Roh Kudus dan dua ketua malaikat dalam bentuk manusia tidak bermakna yang mereka sama seperti manusia. Ia seperti mereka memakai bentuk manusia untuk menutupi bentuk rohani supaya bentuk rohani dapat dilihat dalam ruangan fizikal.

Ketiga-tiganya, iaitu Roh Kudus dan dua ketua malaikat makan makanan yang Ibrahim hidangkan kepada mereka (Kejadian 18:8), tetapi cara mereka makan tidak sama dengan manusia. Mereka tidak mengunyah dan mencerna makanan seperti manusia biasa, tetapi selepas mereka makan, makanan hilang di udara begitu sahaja. Ia sama seperti Yesus yang dibangkitkan semula makan, dan makanan ini hilang dan dibuang melalui pernafasan. Tentu sekali, memakai ruangan fizikal buat sementara tidak sama dengan berada dalam jasad yang dibangkitkan semula. Jasad yang dibangkitkan semula di dunia ini akan berubah menjadi jasad rohani, tetapi ketiga-tiga orang ini, mereka wujud hanya sementara dalam jasad yang sesuai untuk berada dalam ruangan fizikal seperti yang diperlukan.

Sebab mengapa Tuhan Roh Kudus perlu turun ke dunia dengan dua ketua malaikat dan memakai ruangan fizikal adalah kerana Dia perlu melihat Sodom dan Gomorrah secara terus. Dia boleh turun ke dunia dalam bentuk roh, tetapi ada sebab Dia turun ke dunia dan bertemu mereka sendiri.

Dua ketua malaikat muncul dalam bentuk manusia, dan itu sebabnya mereka dapat memeriksa betapa korup penduduk di sana. Mereka melihat kecantikan kedua-dua ketua malaikat dan mahu berbuat jahat dengan mereka. Tuhan Roh Kudus dan dua ketua malaikat dapat mengalami sendiri dan merasakan kejahatan penduduk Sodom dan Gomorrah kerana mereka datang dalam bentuk manusia ke sana.

Kejadian 18:13 menyatakan, "Lalu berfirmanlah TUHAN kepada Abraham..." Dari sini kita dapati bahawa orang yang muncul di hadapan Ibrahim adalah TUHAN. Tetapi ia menyatakan yang dia nampak tiga orang supaya kita dapat faham cara Tuhan muncul di hadapan Ibrahim.

Ada beberapa cara Tuhan muncul di hadapan Ibrahim. Dia boleh menunjukkan diriNya kepada Ibrahim dalam mimpi, atau Dia boleh memberikan suara kepada Ibrahim. Ini adalah langkah yang membuka ruang rohani di hadapan Ibrahim yang berada dalam ruang fizikal supaya dia dapat melihat dan merasakan kehadiran Tuhan yang berada dalam ruang rohani. Dalam hal ini, seseorang dapat melihat Tuhan dan mendengar suaraNya hanya apabila mata dan telinga rohaninya dibuka. Jika mata rohani seseorang tidak dibuka, dia tidak akan dapat melihat apa yang berlaku dalam roh, walaupun Tuhan bersama dengannya.

Tapi apabila Tuhan muncul bersama dua ketua malaikat, ia sesuatu yang amat berbeza. Pada waktu itu, ia bukan sahaja pembukaan ruangan rohani dalam ruangan fizikal untuk menjadikanNya wujud dalam ruangan fizikal. Ini adalah keadaan di mana Dia benar-benar keluar ke ruangan fizikal. Walaupun hanya setakat tahap tertentu, Dia menggunakan ruangan fizikal dan keluar ke ruangan fizikal.

Jika yang awal itu seolah-olah melihat imej Tuhan dalam

televisyen, yang kedua adalah seperti Tuhan keluar dari televisyen. Jika Tuhan keluar ke ruangan fizikal dengan memakai ruangan fizikal yang terhad, manusia dapat melihatNya walaupun jika mata rohani mereka tidak terbuka, dan dalam hal ini Tuhan dapat dilihat sebagai manusia.

Yesus dalam bentuk sinaran terang

Jadi, bagaimanakah pula kewujudan Anak Tuhan? Kadang kala kita dengar bahawa ada orang pernah melihat Yesus dalam mimpi atau visi. Kebanyakan daripada mereka menyatakan bahawa Dia dipenuhi belas ihsan dan kasih sayang, dan ini kerana Dia menghilangkan cahayaNya untuk menunjukkan dirinya dalam kewujudan penuh belas ihsan. Jika Dia menunjukkan kuasa dan kemegahan suci yang sama tarafnya dengan Tuhan Pencipta, tiada sesiapa akan berani melihatNya secara langsung.

Ini sebabnya kita tidak dapat melihat Yesus di Syurga, melainkan kita mencari kedamaian dengan semua manusia, dan penyucian (Ibrani 12:14). Cahaya Yesus amatlah kuat dan terang. Hanya manusia yang masuk ke dalam roh dan roh terasuh akan dapat melihat Yesus kerana cahaya jasad rohani mereka sendiri juga amat kuat.

Hawari Yohanes melihat kemunculan Yesus dalam satu visi. Dia menerangkan mata, kaki dan rambut Yesus dengan terperinci. Kita juga boleh membayangkan rupa bentuk Tuhan Bapa berdasarkan penerangan berkenaan kemunculan Yesus.

Wahyu 1:14-15 menyatakan, " Kepala dan rambutNya putih bagaikan bulu yang putih metah, dan mataNya bagaikan nyala api. Dan kakiNya menggilap bagaikan tembaga membara di dalam perapian; suaraNya bagaikan desau air bah."

Dikatakan bahawa rambut Yesus adalah putih seperti kapas,

dan ini bermakna Dia bebas daripada kejahatan, dan Dia berdiri di tengah-tengah kebaikan yang sempurna. Dikatakan bahawa mataNya adalah seperti api, tetapi ini tidak bermakna bahawa mataNya menakutkan. Ini bermakna mataNya mencerahkan alam sekeliling dan menjadikan orang lain berasa lebih mesra. Ia juga bermakna yang mataNya akan membakar semua kejahatan dan dosa. Tiada sesiapa dapat bersembunyi daripada mata Yesus, dan segala-galanya akan menjadi jelas di hadapanNya. Dikatakan bahawa kakinya adalah seperti gangsa bergilap. Lebih banyak ia digilap, lebih asli gangsa ini. Lazimnya dalam karya sastera, mata wanita yang cantik dibandingkan dengan kerlipan bintang atau bibir yang cantik dibandingkan dengan buah ceri. Sama juga, Yohanes membandingkan kaki Yesus dengan gangsa yang digilap. Kaki adalah bahagian tubuh yang dianggap paling kotor. Dan Yohanes menulis bahawa, kaki Yesus pun amat suci dan terhormat.

Wahyu 1:16-17 juga menyatakan, "...dan wajahNya bersinar-sinar bagaikan matahari yang terik. Ketika aku melihat Dia, tersungkurlah aku di depan kakiNya sama seperti orang yang mati. Tetapi Ia meletakkan tangan kananNya di atasku, lalu berkata: „Jangan takut! Aku adalah Yang Awal dan Yang Akhir...'"

Hawari Yohanes adalah lelaki yang telah disucikan dan sesuai untuk menerima wahyu daripada Tuhan, tetapi dia menjadi seperti orang mati di hadapan Yesus. Yesus meletakkan tangan kananNya pada Yohanes dan memberitahunya supaya jangan takut. Ini bermakna Yesus memberikannya tugas untuk menulis buku Wahyu yang akan membangkitkan ramai orang pada akhir zaman, dengan memilihnya secara meletakkan tangan. Yesus juga menenangkan Yohanes supaya dia dapat menjalankan tugasnya dengan aman.

Imej Tuhan pada Pandangan Hawari Yohanes

Hawari Yohanes melihat arasy Tuhan dan kawasan sekelilingnya dan menulis tentang hal ini dalam Wahyu bab 4. Dia melihat kejadian yang akan berlaku pada masa akan datang dan menulis tentangnya. Dalam hal ini, dengan izin Tuhan, kita boleh berasa di mana-mana pada bila-bila masa, sama ada masa lepas atau masa hadapan, menjangkaui ruang dan masa. Kita dapat melihat Syurga dan Neraka, masa sebelum Penciptaan, dan juga Penghakiman Agung Arasy Putih yang akan berlaku pada masa hadapan.

Bagi hawari Yohanes, rohnya dipisahkan untuk melihat dunia rohani. Di sini, pemisahan roh merujuk kepada roh seseorang yang keluar daripada tubuhnya. Kita dapat melihat dunia rohani melalui visi juga, tetapi dalam visi anda hanya dapat melihat sebahagian sahaja. Atas sebab ini, apabila Tuhan mahu menunjukkan gambaran lebih besar kepada kita, Dia bekerja melalui pemisahan roh Jadi, bagaimana hawari Yohanes dapat melihat Tuhan dan arasyNya?

Dia telah melalui banyak ujian dan hukuman atas nama Yesus sehingga dia berusia 90 tahun. Dia dihumban ke dalam periuk berisi minyak menggelegak, tetapi dia tidak mati disebabkan kerja Tuhan. Dia akhirnya dibuang negeri ke Pulau Patmos. Dia menerima wahyu daripada Tuhan apabila berdoa dengan khusyuk di pulau ini. Menjelang waktu itu, dia sudahpun disucikan sepenuhnya melalui doa yang mendalam dan banyak ujian yang telah ditempuhinya. Dia menerima wahyu dalam keadaan suci, dan itu sebabnya rohnya dapat pergi setinggi arasy Tuhan.

Dalam Wahyu 4:3 dia menerangkan arasy Tuhan seperti berikut:

Dan Dia yang duduk di takhta itu nampaknya bagaikan permata yaspis dan permata sardius; dan suatu pelangi melingkungi takhta itu gilang-gemilang bagaikan zamrud rupanya.

Dalam takdir khas Tuhan, Yohanes melihat Tuhan dan arasyNya, tetapi dia tidak dapat melihat wajah Tuhan secara terperinci, kerana cahaya yang datang dari wajahNya amat terang. Sama seperti kita tidak boleh melihat ke arah matahari disebabkan cahaya yang terang, kita tidak dapat melihat imej Tuhan yang merupakan Cahaya, selagi kita mempunyai kegelapan rohani dalam diri kita. Untuk melihat imej Tuhan, kita perlu menyingkirkan kejahatan dan mempunyai hati Tuhan untuk menjadi cahaya yang sempurna. Hanya manusia yang masuk ke Kerajaan Ketiga Syurga atau ke atas yang akan dapat melihat imej Tuhan.

Roh Yohanes naik ke arasy Tuhan, tetapi dia tidak dapat melihat wajah sebenar Tuhan. Jadi, dia menyatakan bahawa Tuhan adalah seperti batu yaspis dan batu sardius.

'Seperti batu yaspis' bermakna ada pelbagai jenis cahaya yang dipancarkan dari Tuhan. Jika anda memancarkan cahaya ke arah yaspis, ia akan memantulkan banyak cahaya yang indah, dan seperti itu juga, ada banyak jenis cahaya yang datang dari Tuhan. Yaspis juga mempunyai makna 'kesucian, bebas daripada cela, jujur dan benar'. Hawari Yohanes menyifatkan Tuhan dengan membandingkanNya dengan batu berharga yang dianggap bernilai tinggi di dunia.

'Seperti sardius' melambangkan bahawa Tuhan amat terang dan bercahaya, dan Dia cantik seperti api. Sardius, yang berwarna kemerah-merahan, mengandungi cahaya Roh Kudus yang merupakan Tuhan. Tuhan Bapa dan Tuhan roh Kudus adalah satu, dan cahaya yang disimpan oleh Roh Kudus juga ada dalam Tuhan Bapa Oleh itu, warna yaspis dan sardius biasa dilihat dalam Triniti.

'Pelangi' melambangkan janji (Wahyu 9:12-13). Tuhan menunjukkan pelangi sebagai tanda janjiNya yang Dia tidak akan pernah menghukum manusia menggunakan air, selepas banjir Nuh. Yohanes membandingkan bentuk pelangi yang mengelilingi arasy Tuhan dan cahaya yang keluar daripada dengan batu zamrud.

Dia menyamakan warna dan cahaya pelangi dengan batu zamrud namun terhad kepada pengetahuannya.

Zamrud melambangkan keteguhan, keberanian dan kekuatan Tuhan. Dalam persembahan laser, kita akan dapat lihat pelbagai cahaya berbeza yang keluar pada masa-masa berlainan. Cahaya dengan warna berbeza keluar mengikut turutan, atau mungkin bergabung untuk menghasilkan satu panorama yang lebih hebat. Apabila kita melihat persembahan ini, setiap seorang daripada kita akan menerangkan cahaya dengan cara yang berbeza. Ada yang mungkin akan fokus kepada warna tertentu sahaja, manakala ada yang akan cuba menerangkan warna ini menggunakan contoh tertentu.

Hawari Yohanes juga melihat cahaya keluar daripada tuhan, arasy Tuhan dan cahaya pelbagai warna yang datang daripada pelangi yang mengelilinginya, dan dia menerangkan cahaya ini menggunakan contoh batu berharga. Sukar untuk menerangkan keindahan Syurga dengan contoh barang-barang duniawi. Oleh itu, kita tidak sepatutnya hanya memikirkan tentang cahaya yang datang daripada Tuhan dan arasyNya seperti batu berharga, tetapi cuba merasakan keindahan pelbagai cahaya dengan inspirasi Roh Kudus.

Terlibat dalam Sifat Suci

Dalam syurga keempat, Tuhan wujud sebagai cahaya dan mengandungi suara yang berdenting dalam cahaya. Ia suatu tempat yang mempunyai cahaya yang paling terang dan warna paling indah yang tiada tandingannya. Misteri dan kejernihan cahaya Tuhan asal memenuhi keseluruhan ruangan ini. Ia tidak dapat dibandingkan dengan apa sahaja di dunia ini dalam mana-mana bahasa manusia. Jika seseorang masuk ke dalam ruangan ini, dia akan dapat melihat cahaya misteri Tuhan dan merasakan keluasan hati Tuhan. Hanya beberapa orang terpilih yang telah menggemburkan ruangan dan dimensi hati yang sama dengan Tuhan akan dapat masuk ke ruangan ini dengan izin Tuhan. Jika seseorang tidak mempunyai kelayakan untuk masuk namun masuk juga, rohnya akan berterbangan dan hilang.

Kita perlu sehati dengan Tuhan jika kita masuk ke dalam dimensi cahaya sempurna sebagai anak-anak Cahaya. Kemudian, perkara akan berlaku apabila kita menyimpannya dalam hati, dan kita akan dapat menunjukkan kuasa Tuhan yang tidak dapat dibayangkan. Untuk melakukan hal ini, kita perlu mendapatkan semula imej Tuhan yang hilang dan mempunyai hati Tuhan. Kita dapat berkomunikasi dengan Tuhan sejauh mana kita menyingkirkan semua bentuk kejahatan dan mencapai roh terasuh untuk menjadi cahaya yang sempurna. Apabila kita mencapai keadaan ini, kita akan mendapat apa sahaja yang kita minta dalam doa, dan kita akan berada pada kedudukan yang tinggi dalam kerajaan syurga juga.

Bergantung kepada sejauh mana kita mencapai kesucian dan mempunyai persamaan dengan hati Tuhan, kita boleh menggunakan ruangan Tuhan melebihi had manusia, dan kita juga boleh melihat imej Tuhan. Musa melihat imej Tuhan kerana dia merupakan manusia yang paling lembut di dunia dan dia setia dalam semua rumah Tuhan. Ibrahim melihat Tuhan yang datang ke dunia dalam bentuk fizikal, kerana dia amat dekat dengan cahaya sempurna.

Tuhan membuat perancangan penggemburan manusia untuk mendapatkan anak-anak sejati, dan Dia memenuhi kita dengan segala-galanya yang berkaitan dengan kehidupan dan ketuhanan, dengan kuasaNya yang misteri. Oleh itu, kita perlu cuba menjadi berguna dan berhasil dalam pengetahuan sebenar berkenaan Yesus

Kristus. Kita boleh berdiri kukuh atas panggilan dan pilihan Tuhan ini apabila kita dalam keimanan mengamalkan kecemerlangan moral, dan dalam kecemerlangan moral, pengetahuan, dan dalam pengetahuan, kawalan diri, dan dalam kawalan diri, ketekunan, dan dalam ketekunan, ketuhanan, dan dalam ketuhanan, kebaikan bersaudara, dan dalam kebaikan bersaudara, kasih sayang.

2 Petrus 1:3-4 menyatakan, "Kerana kuasa ilahiNya telah menganugerahkan kepada kita segala sesuatu yang berguna untuk hidup yang salih oleh pengenalan kita akan Dia, yang telah memanggil kita oleh kuasaNya yang mulia dan ajaib. "Dengan jalan itu Ia telah menganugerahkan kepada kita janji-janji yang berharga dan yang sangat besar, supaya olehnya kamu boleh mengambil bagian dalam kudrat ilahi, dan luput dari hawa nafsu duniawi yang membinasakan dunia."

Untuk kita melibatkan diri dalam sifat rohaniah adalah untuk mencapai cahaya sempurna yang cukup baik untuk diserap oleh cahaya Tuhan. Dengan cara ini kita akan mempunyai kelayakan untuk masuk ke ruangan Tuhan. Kita mengambil bahagian dalam sifat rohaniah jika kita mencapai cahaya yang serupa dengan cahaya sempurna Tuhan dan maju ke hadapan ke ruangan di mana Tuhan asal tinggal. Jadi, bagaimana kita dapat melibatkan diri dalam sifat rohaniah?

Pertama, kita perlu menggemburkan hati roh yang sempurna.

Kita perlu menjadi satu dengan Tuhan yang merupakan roh, dan oleh itu kita perlu menggemburkan hati roh yang sempurna. Jika kita mempunyai apa jua jenis kejahatan, fikiran badaniah, atau rangka kerja pemikiran sendiri, kita tidak boleh melibatkan diri dalam sifat rohani. Kita perlu menyingkirkan semua jenis kejahatan (1 Tesalonika 5:22) dan fikiran badaniah (Roma 8:6) untuk mempunyai hati rohani.

Untuk mendapatkan hati roh bermakna kita perlu mempunyai hati rohani, benar dan ikhlas sepenuhnya yang Tuhan mahukan untuk kita. Hanya selepas mempunyai hati begini barulah kita akan memahami kehendak sebenar Tuhan, Yesus dan Roh Kudus. Yesus datang ke dunia dan mengalami kelaparan, kesedihan, kepenatan dan kesakitan. Dia mengamalkan Firman Tuhan dan memenuhi Hukum dengan kasih sayang.

Walaupun dia mengalami kesakitan yang amat sangat dalam jasad manusia, Dia masih menurut kehendak Tuhan. Dia tidak bergaduh atau meninggikan suaraNya tetapi memenuhi kehendak Tuhan sepenuhnya dengan mengorbankan diriNya. Oleh itu, kita tidak boleh memberikan alasan dengan menyatakan bahawa manusia lemah. Kita perlu melibatkan diri dalam sifat rohaniah dengan menyingkirkan semua jenis kejahatan dan dosa dan mempunyai amalan ketuhanan dan hati ketuhanan.

Hati jenis apakah yang anda miliki? Saya telah menerangkan tentang kelayakan yang kita perlu ada untuk masuk ke ruangan cahaya, dan dengan ini kita boleh memeriksa diri sendiri. Kita boleh memeriksa sejauh mana kita telah menyingkirkan kerja badaniah, perkara badaniah dan kejahatan; dan sejauh mana kita telah menggemburkan jenis kebaikan yang Tuhan mahukan; betapa banyak kita mengasihi Tuhan dari hati dan mengeluarkan aroma kebaikan; dan sejauh mana kita menghasilkan sembilan buah Roh Kudus dan buah Kerahmatan.

Berkenaan kedamaian, contohnya, jika kita boleh berdamai dengan semua orang, ini bermakna kita mempunyai hati roh, kita dekat dengan cahaya Tuhan, dan kita mengambil bahagian dalam sifat rohaniah juga. Kita boleh katakan yang kita mempunyai hati roh yang sempurna hanya apabila kita mempunyai buah Roh

Kudus, kasi sayang rohani yang dinyatakan dalam 1 Korintus 13, buah Kerahmatan, dan buah Cahaya, bukan pada tahap 50% atau 60%, tetapi 100%.

Kedua, kita mesti berdoa dengan inspirasi Roh Kudus.

Tuhan tidak mahukan aroma doa yang dilakukan atas sebab tanggungjawab. Dia mahu kita berdoa dengan khusyuk untuk menggemburkan hati Tuhan. Manusia mungkin berdoa untuk tempoh yang sama tetapi aroma hati berbeza antara satu sama lain. Ada orang berpuas hanya kerana mereka melakukan semua doa harian manakala ada yang begitu khusyuk berdoa sehingga tidak menyedari bahawa masa telah berlalu, kerana mereka amat gembira dapat berdoa di hadapan Tuhan untuk mengubah mereka demi kasih sayang mereka terhadapNya.

Kita sepatutnya menunjukkan kerja dunia rohani dalam dunia fizikal ini. Untuk melakukan hal ini, kita perlu menerima kekuatan dan kuasa Tuhan yang tinggal dalam dunia rohani. Oleh itu, doa kita mestilah dilakukan bukan hanya dengan rasa tanggungjawab. Tuhan mahu kita berdoa dengan sepenuh hati kerana kita mengasihiNya.

Untuk menerima kuasa daripada Tuhan, kita perlu menawarkan doa rohani yang dapat menembusi ruangan fizikal dan membuka ruangan rohani. Untuk melakukan hal ini, kita tidak sepatutnya berdoa apabila kita rasakan perlu atau berdoa sambil berfikir tentang hal-hal lain. Doa begini tidak akan menembusi ruangan fizikal. Ia hanya akan sia-sia. Tuhan tidak akan digerakkan dengan doa begini. Jika anak anda dengan degil mahu anda memberikan apa yang mereka mahu disebabkan ketamakan, apakah yang akan anda rasakan sebagai ibu bapa? Anda mungkin akan berasa kecewa.

1 Korintus 2:10 menyatakan, "Kerana kepada kita Tuhan telah

menyatakannya oleh Roh, sebab Roh menyelidiki segala sesuatu, bahkan hal-hal yang tersembunyi dalam diri Tuhan." Kita perlu berdoa dengan inspirasi Roh kudus yang berada dalam hati kita. Kemudian, kita akan dapat berdoa untuk perkara yang sesuai menurut kehendak Tuhan, dan kita akan tahu apa yang perlu dilakukan. Kita akan dapat membuka pintu ruangan rohani dan berkomunikasi dengan Tuhan yang berada dalam dimensi rohani, kerana kita akan disatukan dengan Roh Kudus yang ada dalam diri.

Ketiga, kita mesti mengasihi dan menerima semua orang dengan kemurahan hati.

Hati rohani yang menyerupai hati Tuhan sudahpun mengandungi kasih sayang dan kemurahan hati, tetapi saya menekankan kepada kasih sayang dan kemurahan hati sekali lagi. Ini kerana kita mesti mampu mengasihi semua orang di sekeliling kita kerana kita mengasihi Tuhan, dan kita mesti mempunyai hati yang luas dan kemurahan hati untuk menerima semua orang. Kita perlu dipenuhi kasih sayang dan kemurahan hati, dan menjaga kebajikan semua orang di sekeliling kita yang mengalami kesusahan atau yang berasa penat. Hati Tuhan luas dan tiada tandingan, tetapi Dia amat lembut dan mengambil berat, iaitu Dia ambil berat tentang anak yatim dan balu, dan situasi yang diabaikan.

Apabila kita mengambil berat walaupun perkara kecil dengan kasih sayang dan mementingkan orang lain dengan kemurahan hati, ini dinamakan mengambil bahagian dalam sifat rohaniah. Kita perlu menyedari hal ini dan berubah melalui Firman Tuhan untuk mengambil bahagian dalam sifat rohaniah.

Apabila kita mempunyai hati cahaya yang sempurna dan mengambil bahagian dalam sifat rohaniah, seperti yang sama telah terangkan, kita akan dapat masuk ke ruangan cahaya dan ruangan

Tuhan. Jika kita masuk ke ruangan Tuhan, kita akan dapat melihat cahaya khas dalam ruangan ini. Kita juga akan merasakan hati Tuhan yang amat besar dan luas. Selain itu, walaupun jasad fizikal kita berada dalam ruangan fizikal, kita akan menggunakan ruangan Tuhan yang kita miliki dalam hati untuk menunjukkan perkara menakjubkan yang di luar pemahaman manusia.

1 Yohanes 1:5 berkata, "Inilah berita yang telah kami dengar dari Dia dan yang kami sampaikan kepada kalian: Tuhan itu terang, dan padaNya tidak ada kegelapan sama sekali." Jika kita hidup dalam cahaya sempurna Tuhan, ini bermakna kita mempunyai satu hati dengan Tuhan, dan apa sahaja yang kita simpan dalam hati akan menjadi kenyataan, dan kita akan menunjukkan kuasa yang hebat dan tidak dapat dibayangkan oleh manusia.

Saya berdoa atas nama Yesus supaya anda mempunyai kelayakan, dan anda menikmati semua rahmat yang Ibrahim nikmati di dunia ini, dan mendapat kedudukan yang agung di Syurga, iaitu ruangan cahaya abadi.

Penulis:
Dr. Jaerock Lee

Dr. Jaerock Lee dilahirkan di Muan, Wilayah Jeonnam, Republik Korea, pada tahun 1943. Dalam usia 20-an, Dr. Lee menderitai pelbagai penyakit yang tidak dapat disembuhkan selama tujuh tahun dan menunggu kematian tanpa harapan untuk sembuh. Suatu hari dalam musim bunga tahun 1974, beliau dibawa ke sebuah gereja oleh kakaknya dan apabila beliau melutut untuk berdoa, Tuhan yang Maha Hidup menyembuhkan semua penyakitnya dengan serta-merta.

Sejak Dr. Lee bertemu Tuhan yang Maha Hidup melalui pengalaman menakjubkan ini, beliau mencintai Tuhan dengan sepenuh hati dan keikhlasan, dan pada tahun 1978, beliau telah terpanggil untuk menjadi hamba Tuhan. Beliau berdoa dengan khusyuk dan berpuasa supaya dapat memahami dengan jelas kehendak Tuhan, dan mencapai tahap ini serta mematuhi semua Firman Tuhan. Pada tahun 1982, beliau mengasaskan Gereja Besar Manmin di Seoul, Korea, dan menjalankan banyak kerja Tuhan, termasuklah penyembuhan dan mukjizat, semuanya berlaku di gereja ini.

Pada 1986, Dr. Lee telah ditahbiskan sebagai paderi pada Perhimpunan Tahunan Yesus Gereja Sungkyul di Korea, dan empat tahun selepas itu, pada tahun 1990, khutbahnya mula disiarkan di Australia, Rusia dan Filipina. Dalam masa yang singkat lebih banyak negara dapat dicapai melalui Far East Broadcasting Company, Asia Broadcast Station, dan Washington Christian Radio System.

Tiga tahun selepas itu, pada tahun 1993, Gereja Besar Manmin telah dipilih sebagai "50 Gereja Teratas Dunia" oleh majalah Christian World (AS) dan beliau menerima Ijazah Kedoktoran Kehormat Kesucian dari Kolej Keimanan Kristian, Florida, AS, dan PhD pada tahun 1996 dalam bidang Penyebaran Agama, oleh Seminari Teologi Kingsway, Iowa, AS.

Sejak 1993, Dr. Lee telah menerajui misi dunia melalui banyak perjuangan ke luar negara seperti ke Tanzania, Argentina, L.A., Baltimore, Hawaii, dan New York di AS, Uganda, Jepun, Pakistan, Kenya, Filipina, Honduras, India, Rusia, Jerman, Peru, Republik Demokratik Congo, dan Israel dan Estonia.

Pada tahun 2002, beliau diakui sebagai "tokoh kebangkitan sedunia" atas dakwahnya yang berkesan dalam banyak misi mubaligh antarabangsa, oleh akhbar Kristian utama di Korea. Yang diberi tumpuan ialah 'Perhimpunan New York 2006' yang diadakan di Madison Square Garden, arena paling terkenal di dunia. Acara ini disiarkan ke 220 negara, dan dalam 'Perhimpunan Bersatu Israel 2009', yang diadakan di Pusat Konvensyen Antarabangsa (ICC) di Jerusalem, beliau dengan berani mengakui bahawa Yesus Kristus ialah Al-Masih dan Penyelamat.

Khutbahnya disiarkan ke 176 negara melalui satelit termasuklah GCN TV dan beliau disenaraikan sebagai '10 Pemimpin Kristian Paling Berpengaruh Dunia' 2009 dan 2010 oleh majalah Kristian popular Rusia In Victory dan agensi berita Christian Telegraph, atas dakwah siaran TV beliau yang berkuasa dan dakwah paderi gereja luar negara yang berkesan.

Sehingga bulan Mei 2013, Gereja Besar Manmin mempunyai ahli kariah seramai 120,000 orang. Terdapat 10,000 cawangan gereja di dalam dan luar negara di seluruh dunia termasuk 56 cawangan gereja tempatan, dan setakat ini lebih 129 misi mubaligh telah dihantar ke 23 negara, termasuklah Amerika Syarikat, Rusia, Jerman, Kanada, Jepun, China, Perancis, India, Kenya dan banyak lagi.

Sehingga tarikh penerbitan ini, Dr. Lee telah menulis 85 buah buku, termasuklah jualan terlaris seperti Tasting Eternal Life before Death, My Life My Faith I & II, The Message of the Cross, The Measure of Faith, Heaven I & II, Hell, Awaken, Israel!, dan The Power of God. Hasil karyanya telah diterjemahkan ke dalam lebih daripada 75 bahasa.

Penulisan kolumnya diterbitkan dalam The Hankook Ilbo, The JoongAng Daily, The Chosun Ilbo, The Dong-A Ilbo, The Munhwa Ilbo, The Seoul Shinmun, The Kyunghyang Shinmun, The Korea Economic Daily, The Korea Herald, The Shisa News, dan The Christian Press.

Dr. Lee kini merupakan pemimpin banyak organisasi dan persatuan Kristian. Kedudukan ini termasuklah: Pengerusi, Gereja Penyatuan Suci Yesus Kristus; Presiden, Misi Dunia Manmin; Presiden Tetap, Persatuan Misi Kebangkitan Kristian Dunia;   Pengasas & Pengerusi Lembaga, Global Christian Network (GCN); Pengasas & Pengerusi Lembaga, Jaringan Doktor Kristian Sedunia (WCDN); dan Pengasas & Pengerusi Lembaga, Seminari Antarabangsa Manmin (MIS).

Syurga I & II

Jemputan ke Bandar Suci Yerusalem Baru, yang mana 12 pintu pagarnya diperbuat daripada mutiara yang bergemerlapan, di tengah-tengah Syurga yang luas dan bersinar seperti permata berharga.

Tujuh Gereja

Mesej Tuhan untuk membangkitkan orang Kristian dan gereja daripada tidur rohani, yang dihantar ke tujuh gereja yang dicatatkan dalam Wahyu bab 2 dan 3, yang merujuk kepada semua gereja Tuhan

Neraka

Mesej kepada semua manusia daripada Tuhan, yang tidak mahu walau satu jiwa pun masuk ke Neraka! Anda akan mengetahui perkara yang tidak pernah diterangkan di mana-mana sebelum ini tentang penderitaan di Neraka.

Hidup Saya Iman Saya I & II

Aroma kerohanian paling harum yang diambil daripada kehidupan yang mencintai Tuhan, di tengah-tengah gelombang gelap, cabaran dan penderitaan hebat.

Ukuran Iman

Apakah tempat tinggal, mahkota dan ganjaran yang disediakan untuk anda di syurga? Buku ini memberikan kebijaksanaan dan bimbingan untuk anda mengukur tahap iman dan memupuk iman yang terbaik dan matang.